コヨーテ 七《しち》人《にん》の巨《きょ》人《じん》とたたかう

アメリカインディアンのおはなし

編訳・高野由里子

絵・古沢たつお

装幀　やわらかデザイン

もくじ

おれさまはコヨーテ。オオカミに、にているから、草原《そうげん》オオカミとよばれたりもするよ。おおきさはすこし小《ちい》さいけれど。

いたずら大《だい》すき、おもしろいこと大《だい》すき！

ずるがしこいっていうひともいるけれど、その気《き》になれば、みんなのために怪物《かいぶつ》をたおしたり、太陽《たいよう》をぬすんだりもする。ゆうきがあるって、ちょっと、しられたそんざいなんだ。おっちょこちょいで、ちょうしにのっちゃうところもあるけれど。

アメリカインディアンは、どうぶつたちとなかよくくらしていた。おれさまにふしぎな力《ちから》をみて、神《かみ》さまみたいにおもわれることもあるんだ。

ゆうかんな話《はなし》、ちょっとわらえる話《はなし》をよんでみてくれ。

この世《よ》のはじまり

むかしむかし。

このせかいは、ほんのすこしのじめんをのぞいて、すべてが水《みず》でおおわれておりました。ほんのすこしのじめんの上《うえ》には、どうぶつたちがいっぱいで、いまにもあふれてしまいそうです。そのなかにコヨーテもおりました。

コヨーテは、見《み》わたすかぎりの水《すい》めんをながめています。

すると、カメが一《いっ》ぴき、こちらにむかっておよいできました。でも、じめんには、カメが一《いっ》ぴき、はいるすきまさえありません。

コヨーテはカメにいいました。

「このままじゃ、ここはぎゅうぎゅうだ。おまえさん、ちょっと水《みず》のそこまでもぐってきてくれないかい？　水《みず》のそこには土《つち》があるはずさ。その土《つち》をとってきておくれよ」

カメは水《みず》にもぐりました。

おもっていたよりもずっとふかくて、なかなか水《みず》のそこにたどりつけません。いきがくるしくて、おぼれてしまいそうです。

やっとのことでそこが見《み》えてくると、カメはひっしに手《て》をのばし、土《つち》をつかみました。そして、くるっとむきをかえると、いちもくさんに水《すい》めんにむかいました。

カメは、いのちからがらもどってくると、コヨーテにりょう手《て》を見《み》せました。

ところが、手《て》ににぎりしめていたはずの土《つち》は、水《みず》のいきおいですべてながされてしまい、なんにものこっていませんでした。

ココーテは、いまにもなきだしそうな、カメの手《て》をじっと見《み》つめました。

「土《つち》だ！」

ココーテは、つめのあいだから、たったひとかけらの土《つち》を見《み》つけだしました。そうして、とてもようじんぶかく、ただひとかけらの土《つち》をとりだすと、そっとじめんにおきました。

するとどうでしょう。

ひとかけらの土《つち》のまわりに、みるみるうちに、じめんがひろがっていくではありませんか。

さて、じめんがひろくなると、きゅうにがらんとしてしまいました。

そこでコヨーテは、ともだちのワシといっしょに、にんげんをつくることにしました。

コヨーテとワシは土《つち》から六人《ろくにん》の男《おとこ》と六人《ろくにん》の女《おんな》をつくりました。

そして男《おとこ》と女《おんな》をひとくみずつにわけると、それぞれ、ちがうほうこうにいくように、めいれいしました。にんげんたちは、いわれるままにむかいました。

しばらくすると、コヨーテは、にん

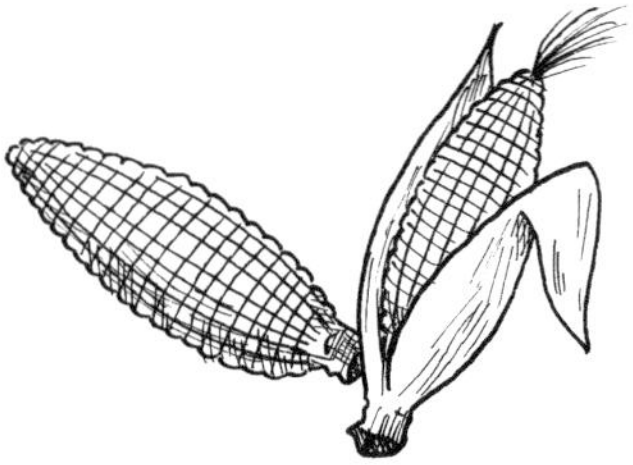

げんたちがどうしているのか、気《き》になってしかたがありません。そこで、見《み》にいってみることにしました。

「たいへんだ！」

もどってきたコヨーテはいいました。

「にんげんたちが土《つち》をたべているよ。せっかくひろくなったじめんが、どんどんなくなっているよ！」

「なんということだ。なにか、たべるものをつくらんといかん」

コヨーテとワシは、ともだちのハトにそうだんしました。

ハトはどこかへとんでいったかとおもうと、トウモロコシを一《ひと》つぶくわえてもどってきました。

コヨーテとワシは一《ひと》つぶのトウモロコシを、じめんにうめました。するとたちまちめを出《だ》して、みどりのはっぱがしげり、ぐんぐんのびていき、みをつけました。きいろのつぶがぎっしりつまった、それはそれは、おいしそうなトウモロコシです。

ココーテとワシはさっそく、トウモロコシをにんげんたちにおしえてあげました。

こうしてにんげんは、トウモロコシをたべるようになったのです。そして、せかい中《じゅう》にひろがっていきました。

コヨーテ、うたをうたう

とある松《まつ》のえだに、ココペリがおりました。

ココペリは、バッタのすがたをしているせいれいです。せいれいとは、神《かみ》さまのようなもので、ココペリはほうさくの神《かみ》とも、たびのまもり神《がみ》ともいわれています。またココペリは、ふえのめいじんで、いつもふえをふいていました。

ココペリはきょうも、ことりがさえずるような、うつくしいねいろをかなでていました。ときどきふえをふくのをやめては、すきとおるような、きれいなこえでうたをうたいます。

ぼくはココペリ
この世《よ》で一《いち》ばんの　ふえふきさ

そこへ、ココヨーテがとおりかかりました。

「なんてきれいな音《おと》なんだろう」

ココヨーテはすいよせられるように、音《おと》がきこえるほうへちかづいていきました。ふと見《み》あげると松《まつ》の上《うえ》で、ココペリがうたっています。

ぼくはバッタ　ふえをふく
ぼくはバッタ　ふえをふく

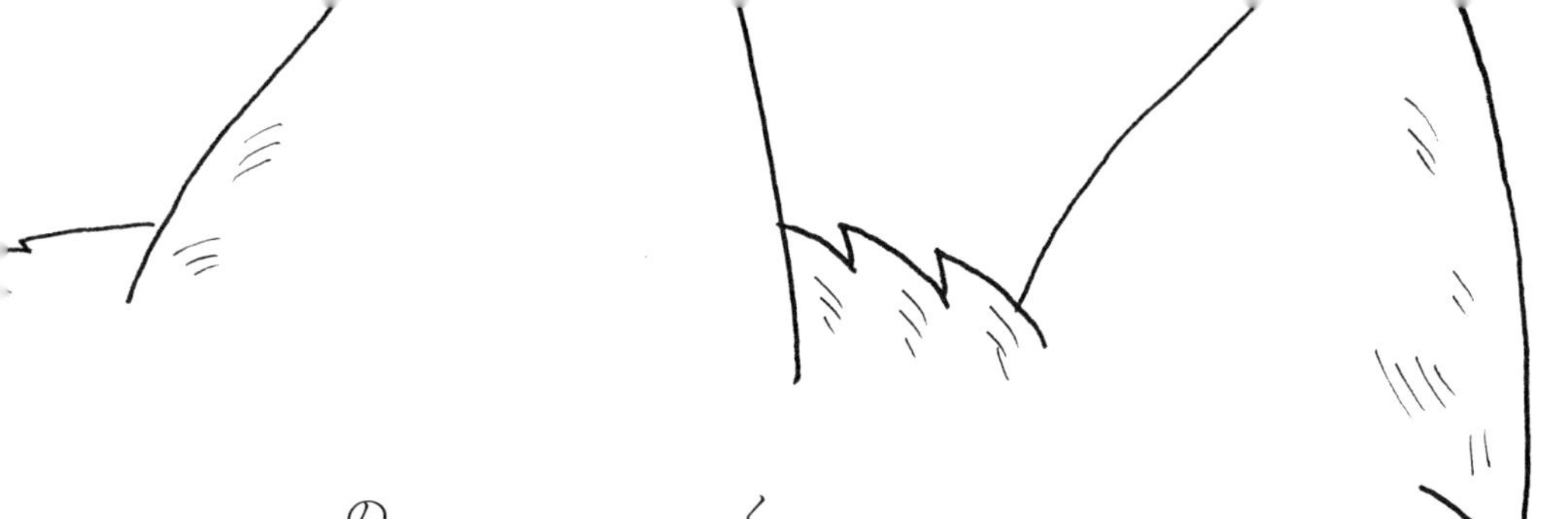

松《まつ》の木《き》のてっぺんに　こしかけて
はるか上《うえ》から　ふえをふくのさ

「いい、うただねえ」

コヨーテがこえをかけました。

「おれさまも、そのうたをうたいたいな。ねえ、おしえてくれないかい？」

「いいとも」

ココペリは、コヨーテといっしょにうたをうたいました。

けれども、ココペリはすきとおるような、たかいこえなのに、コヨーテのこえはしわがれてガラガラです。

「いっしょにうたうと、気《き》もちがいいもんだねえ」

コヨーテはいいました。

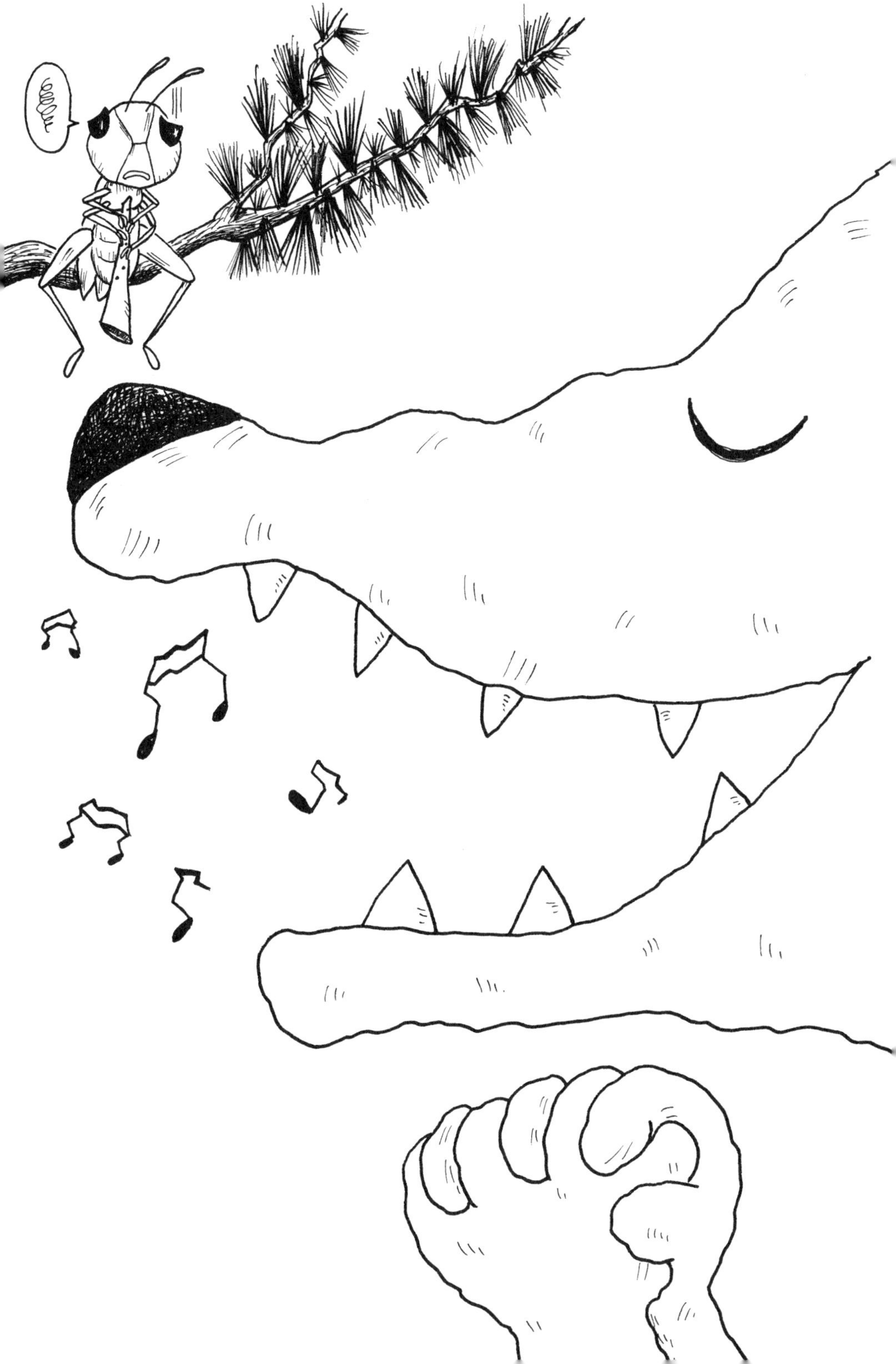

「きっと、おれさまも、おまえさんも、うたがうまいからだね」

けれど、ココペリはおもいました。

（ココーテはうたっているのか、うなっているのか、どっちなんだい。はっきりいって、ひどいおんちいい。ふたりでいっしょにうたうなんて、さいあくさ）

それでもココペリは、ココーテをきずつけてはいけないとおもい、いいました。

「ぼくたち、こえがぜんぜんちがうけれど、うたってみるとまあまあだね」

「もちろんさ」

ココーテはごきげんです。

「じゃあ、おれさまはそろそろかえるよ。いいうたをおしえてくれて、ありがとう」

「どういたしまして」

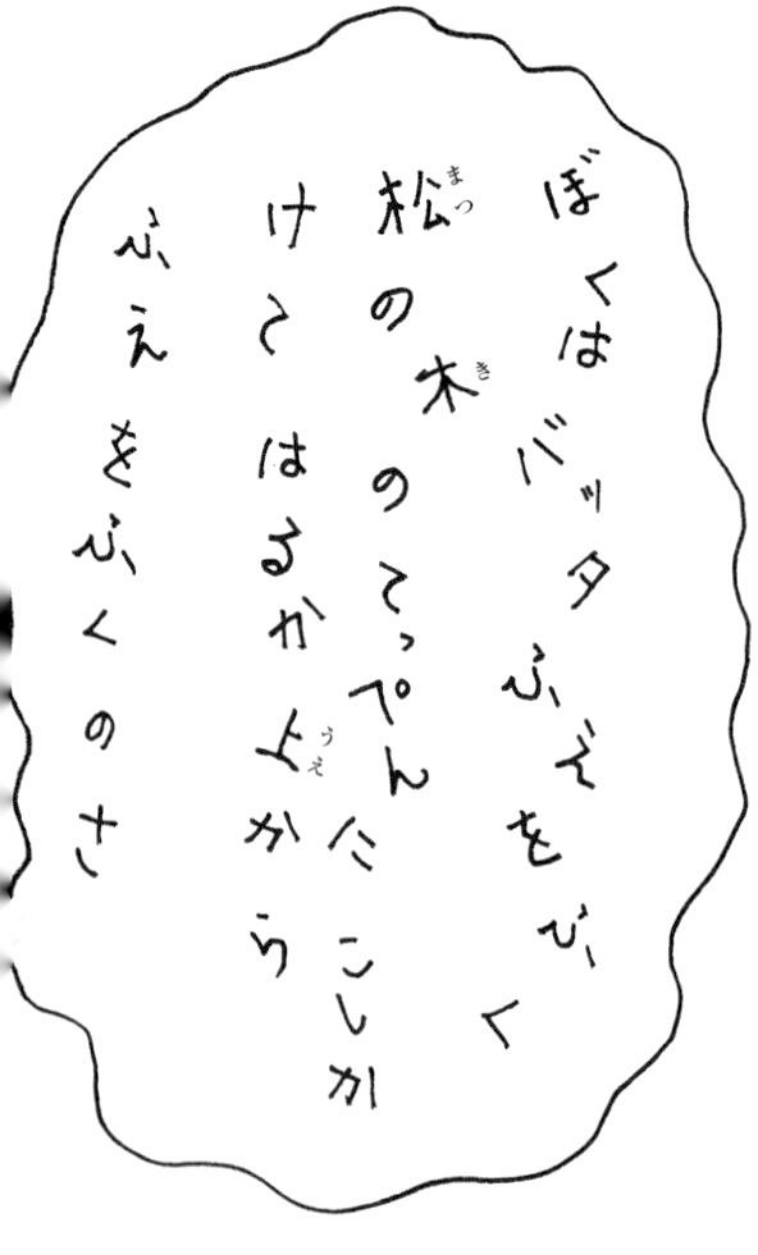

ココーテはいい気《き》ぶんで、うたをうたいながらあるいていきました。

いてっ！

うかれて足《あし》もとを見《み》ずにいたココーテは、えだにけつまずいて、すっころんでしまいました。ひざをひどくすりむいて、なみだが出《で》てきます。

「なんてひどいえだだ！　……あれ？　うたはどんなだったっけ？　よーし、ちびのココペリに、もういちどおしえてもらおうっと」

ココーテはココペリのところへもどりました。ココペリはさっきとおなじ松《まつ》の上《うえ》で、

ふえをふいています。

「おーい、ともよ」

ココーテはよびかけました。

「いじのわるいえだのせいで、すっころんで、うたをすっかりわすれちまったんだ。もういっかいだけ、おしえておくれよ」

「いいけど、こんどは気《き》をつけておくれよ」

ココペリは、ココーテといっしょにうたをうたいました。ちょうしっぱずれなうたごえに、耳《みみ》をふさぎたくなりました。

「おぼえたかい？」

「おぼえた、おぼえた。おれさまのハートにしっかりきざまれたよ」

コヨーテはふたたび、うたをうたいながらあるきだしました。こんどこそわすれないように、なんどもなんどもくりかえします。

ドボン！

あんまりいっしょうけんめいだったので、こんどは川《かわ》におっこちてしまいました。

「あれ？　うたはどんなだったっけ？」

コヨーテはまたまた、ココペリのところにもどりました。

「やれやれ、うたをおぼえるっていうのはたいへんだなあ」

松《まつ》の木《き》にココペリを見《み》つけると、コヨーテはいいました。

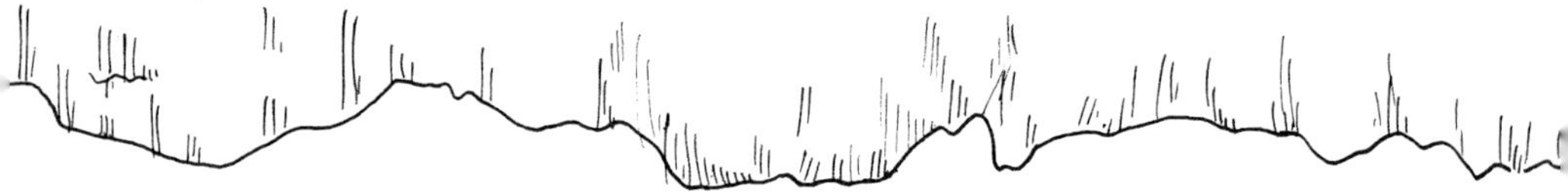

「ひどい川《かわ》のせいでおぼれそうになって、うたをわすれちまったんだ。たのむよ、もういちどだけ、うたをおしえておくれよ」

「わかったよ。もういちどだけだよ」

ココペリはがまんして、もういちどココヨーテとうたをうたいました。

「よし、こんどこそだいじょうぶだ。もうぜったいにわすれないさ。ともよ、ありがとうな」

「どういたしまして」

ココヨーテはふたたびあるきだしました。うたをうたいながら、足《あし》もとにもようじんします。

大《おお》きながけにさしかかりました。下《した》ばかり見《み》ていたココヨーテの上《うえ》には、大《おお》きな岩《いわ》がぐらぐらしています。

ゴロン、ゴロン、ゴロン！

おちてきた岩《いわ》はコヨーテのあたまにめいちゅうし、コヨーテはきぜつしてしまいました。

しばらくして目《め》をさますと、やっぱりうたをわすれていました。

「あれ、なんだっけ？」

コヨーテのあたまの中《なか》は、ガランガランのカランカランです。

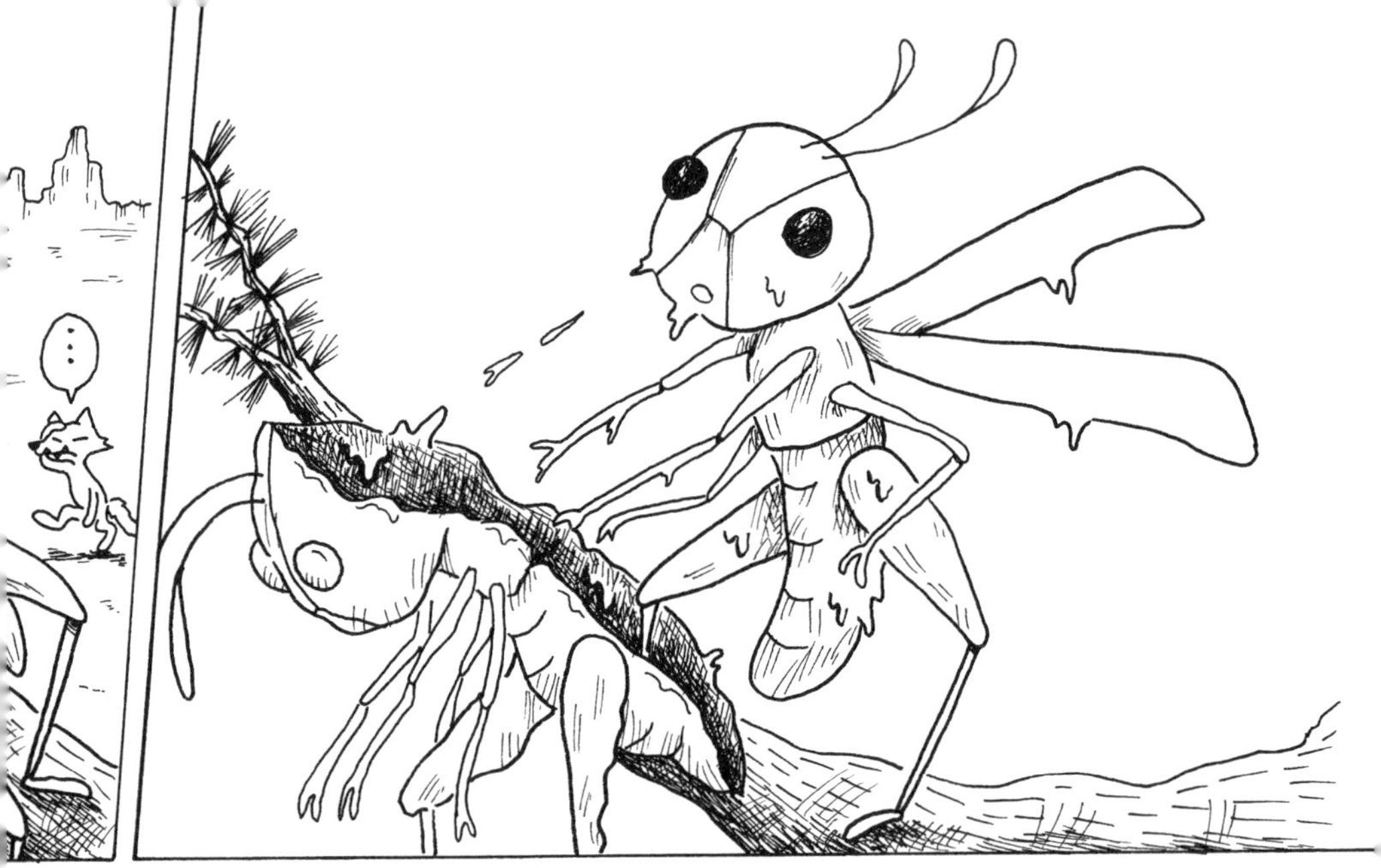

「よーし、もういちどココペリにおしえてもらおう。ココペリはやさしいから、きっとまたおしえてくれるさ」

ココーテがこちらにやってくるのを見《み》て、ココペリはこころのそこからうんざりしました。

「あのバカなココーテとうたうなんて、もうがまんできないぞ」

ちょうどバッタのココペリは、だっぴのじきをむかえていました。いまのからだが小《ち》さくなってきていたのです。

めりめり！

せなかが、まんなかからやぶれたか

とおもうと、あたらしくなったすがたでココペリが出《で》てきました。

つぎにココペリは小石《こいし》をひろいはじめました。いまぬぎすてたばかりのぬけがらにつめて、松《まつ》のえだにすわらせようというのです。できあがると、ほんもののココペリがすわっているように見《み》えました。

ココーテが松《まつ》の下《した》にやってきました。ココーテはぬけがらとはしらずによびかけます。

「おーい、ともよ。ひどい岩《いわ》がおっこちてきて、うたをわすれちまったんだ。

わかってくれるよな？」

ぬけがらはだまっています。

「たのむよ、ともよ。もういちどだけ、うたをおしえておくれよ」

ぬけがらはだまっています。

「やい、おれさまに、うたをおしえてくれるのかくれないのか、どっちなんだい？」

ぬけがらはだまったままです。

「ちびのバッタに、らんぼうなことはしたくないんだよ。おい！　いますぐうたをおしえろ。さもないと、おまえをくっちまうぞ！」

かっとなったコヨーテは、ぬけがらをぐいっとひっつかみ、そのまま

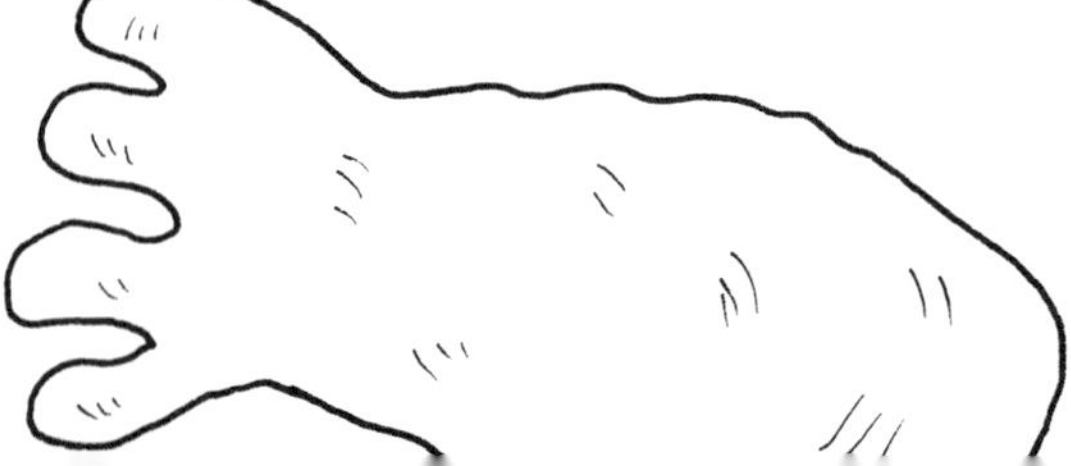

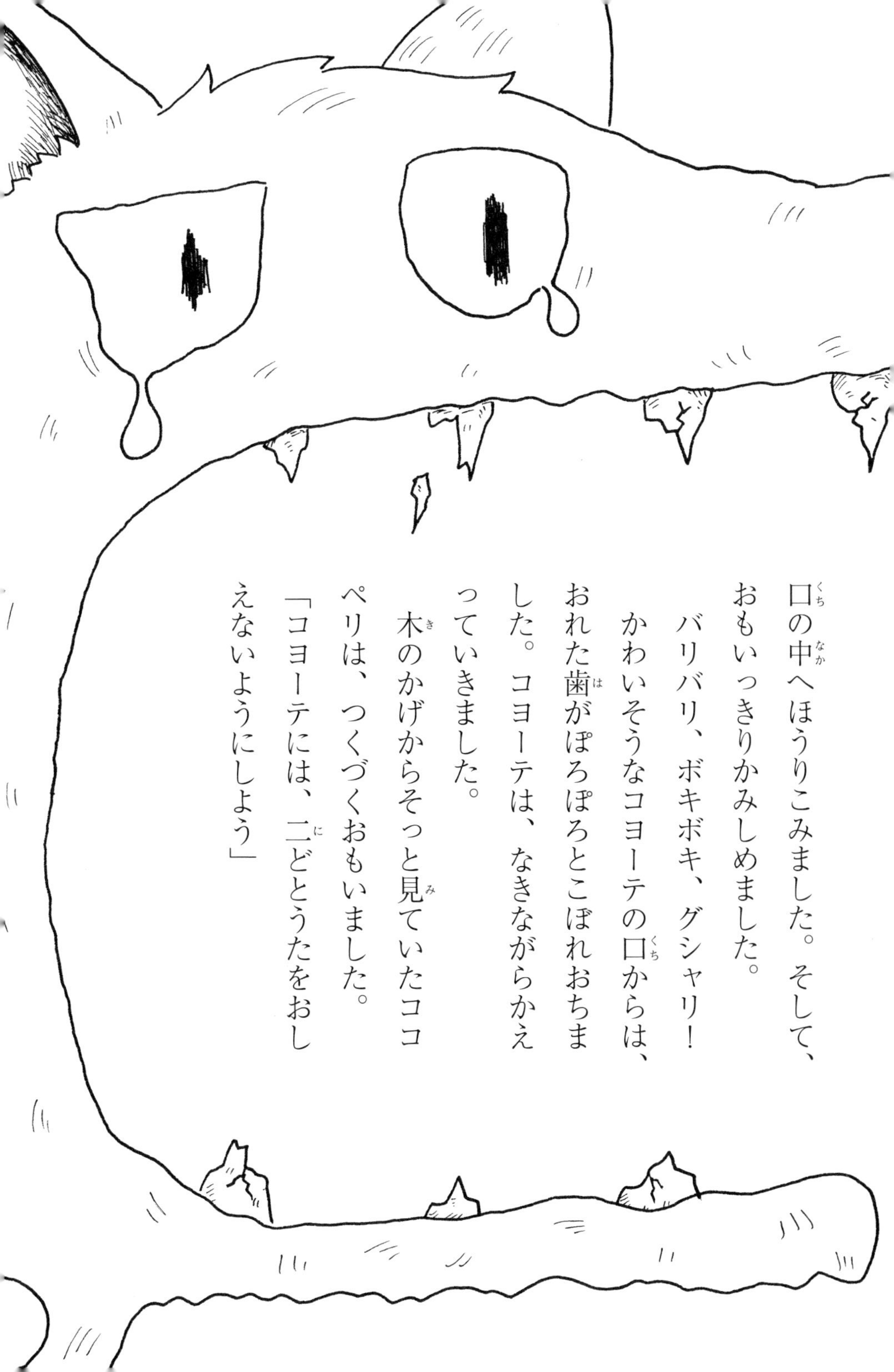

口《くち》の中《なか》へほうりこみました。そして、おもいっきりかみしめました。

バリバリ、ボキボキ、グシャリ！

かわいそうなコヨーテの口《くち》からは、おれた歯《は》がぽろぽろとこぼれおちました。コヨーテは、なきながらかえっていきました。

　木《き》のかげからそっと見《み》ていたココペリは、つくづくおもいました。

「コヨーテには、二《に》どとうたをおしえないようにしよう」

コヨーテ、グリズリーをからかう

コヨーテが、いつものようにうろうろしていると、おかにいきあたりました。そのままのぼっていくと、グリズリーが、なにかたべているところでした。ヒグマのなかまのグリズリーは、クマの中《なか》でも大《おお》きなからだをしています。

きょうはとくべつはらぺこで、きげんがわるいコヨーテは、ひとつグリズリーをからかってやれとおもいました。

「やーい、グリズリー。のろまのグリズリー――」

グリズリーは、コヨーテがわるくちをいっているのに気《き》づきましたが、しらんかおをしています。

「やーいやーい、グリズリー。しっぽのみじかいグリズリーーー」

グリズリーは、コヨーテのほうを見《み》ないようにしています。

「やーいやーい、からだばっかり大《おお》きくて、お目《め》めは小《ちい》さいグリズリーーー」

とうとうあたまにきたグリズリーは、コヨーテめがけてとっしんしてきました。

コヨーテはいいかけたわるくちを、ごくりとのみこむと、いちもくさんに、にげ

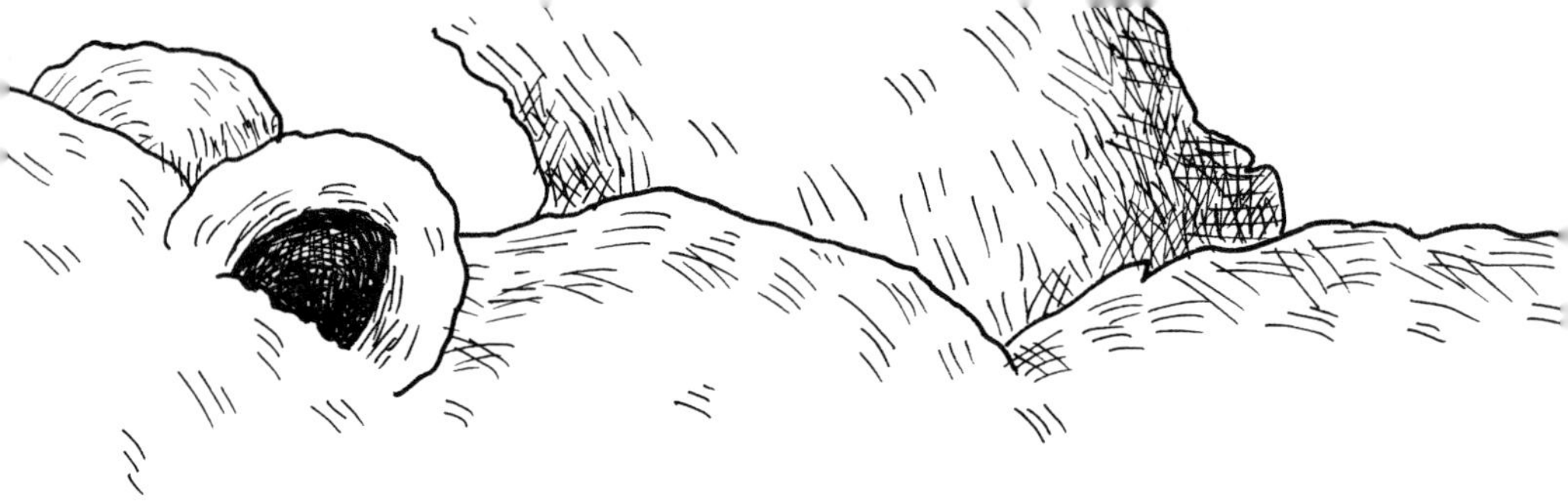

だしました。

グリズリーは、ものすごいいきおいでおいかけてきます。コヨーテも、ぜんそくりょくではしります。

きゅうに、コヨーテが立《た》ちどまりました。するとグリズリーは、コヨーテをおいこしてはしりぬけていきます。

「グリズリーのやつ、あんまりおこっているものだから、まわりが見《み》えていないんだな」

グリズリーは、とつぜんコヨーテがいなくなって、きょとんとしています。そのようすに、コヨーテはおおわらいです。

「おーい、まぬけのグリズリー。おれさまはここだよ」

かっとなったグリズリーが、ふたたびとっしんしてく

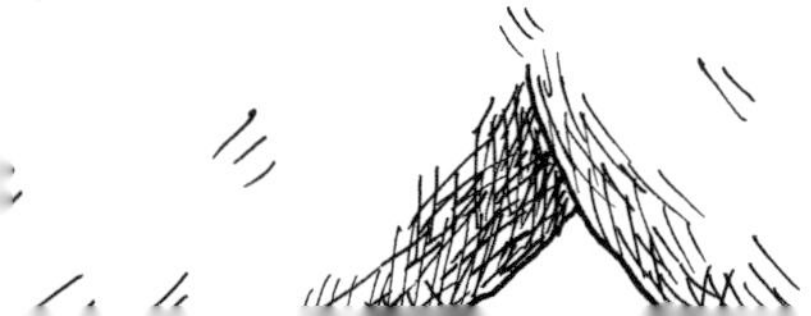

ると、コヨーテは右《みぎ》にひらり、左《ひだり》にひらり。

「こいつはおもしろいや」

グリズリーは、すんでのところでにげられて、かんかんです。いっそう、むきになっておいかけてきます。

しばらくすると、ひらりひらりとかわしていたコヨーテも、つかれてきてしまいました。いきがきれてジャンプする力《ちから》もありません。

ここぞとばかりにグリズリーは、コヨーテめがけてとっしんしました。

なんとかグリズリーをかわすと、コヨーテは大《おお》きな岩《いわ》のうしろににげこみました。ふたりでぐるぐるぐるぐる、岩《いわ》のまわりを、なんかいまわったことでしょう。

ついに目《め》をまわしたコヨーテは、ばったりたおれてしまいました。

そこへグリズリーが、ちかづいてきます……。

「やられる！」

コヨーテは目《め》をつぶりました。ところがなにもおきません。おそるおそる、コヨーテは目《め》をあけてみました。すると、グリズリーがすこしはなれたところから、コヨーテをじっと見《み》ています。そのかおは、おびえているようでした。

「どうしたんだ？」

気《き》づくと、コヨーテのあたまが、なにかにはさまっています。手《て》でさわってみると、なにやらツノがはえています。

それはバッファローのがいこつでした。

たおれたひょうしに、おちていたバッファローのがいこつに、コヨーテはあたまをつっこんだのでした。

コヨーテはためしに、おそろしげな、うなりごえをあげてみました。すると、グリズリーはびくっとふるえました。

「こいつはおもしろいや」

こんどは、コヨーテがグリズリーをおいかけるばんです。

こわくてたまらないグリズリーは、ぜんそくりょくでにげていきました。目《め》のまえにせまる川《かわ》にとびこみ、けんめいにおよいで、やっとこさ、むこうぎしにたどりつきました。

むこうのほうから、コヨーテのわらいごえがきこえてきました。

バッファローのがいこつをはずしておおわらいのコヨーテを見《み》て、グリズリーはすごすごとかえっていったとさ。

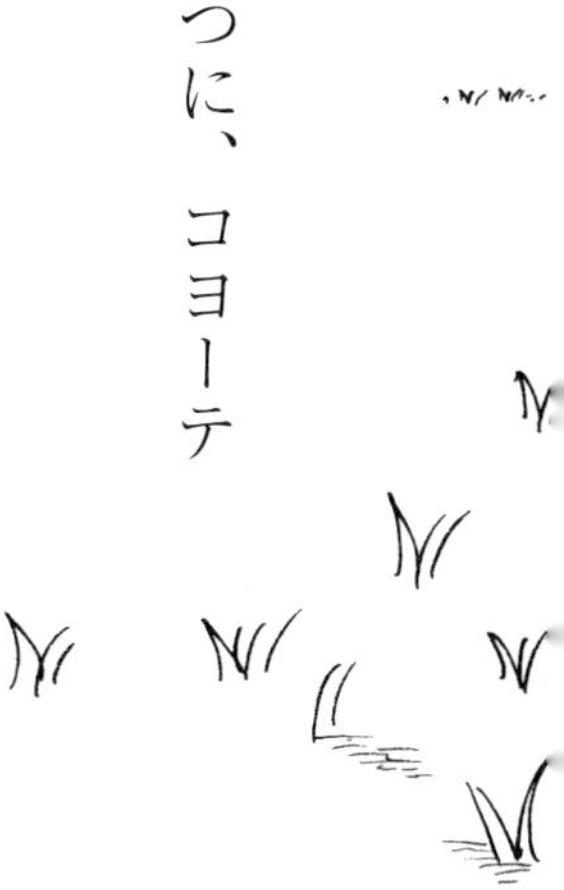

大《だい》きゅうぎたいかい

むかしむかし。

どうぶつたちと、とりたちが、ボールきょうぎをすることになりました。

どうぶつたちは、とりたちにはぜったいにまけたくないとおもい、川《かわ》ぞいのそうげんにあつまって、さくせんかいぎをひらくことにしました。

クマがやってきました。

大《おお》きなまるたをかついでみては、みんなに力《ちから》もちなところを見《み》せつけます。こうしてどうぶつたちのリーダーには、クマがえらばれました。

つぎに、カメも力《ちから》もちぶりを見《み》せつけます。うしろ足《あし》で立《た》ち上《あ》がり、おもたいこうらごとふみおろすものですから、あたりには、じひびきがおこりました。

「おれからボールをうばおうとする、とりなどは、こうしてふみつぶしてぺちゃんこにしてやるぞ」

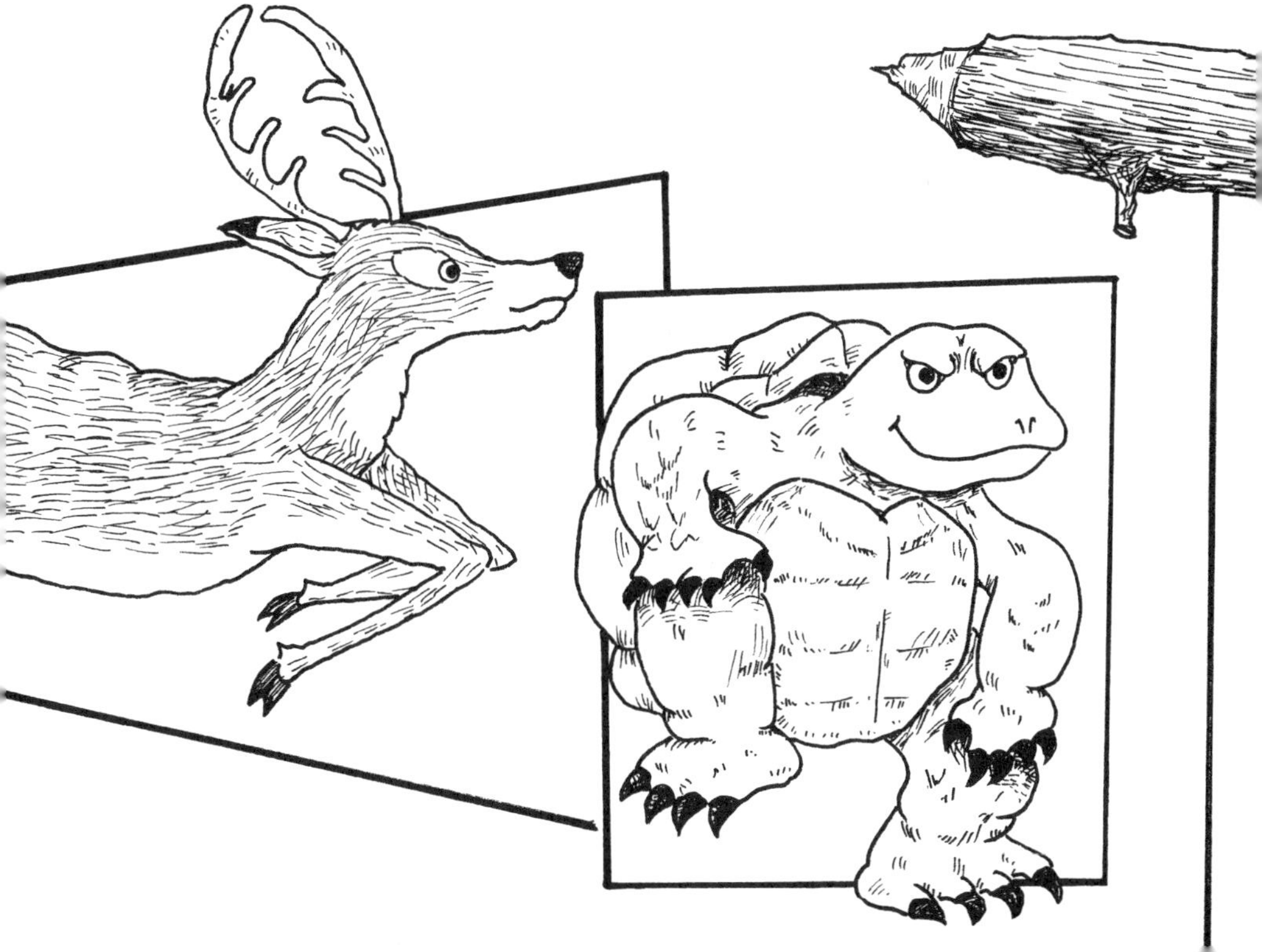

どうぶつたちは、みんなはくしゅをしました。

「一《いち》ばん足《あし》が速《はや》い、ぼくのことをわすれちゃこまるなあ」

シカはそういうと、かぜのようにそうげんをよこぎって、またもどってきました。

「どんなとりでも、ぼくからボールをうばうことはできないさ」

どうぶつたちは、みんなはくしゅをしました。

いっぽうで、とりたちは、どうぶつたちのそうげんからおかを一《ひと》つこえたところにある、大《おお》きな木《き》のえだにあつまりました。

リーダーにはワシがえらばれました。そして、まずみんなで、しんせいなボールきょうぎのために、ダンスをささげました。

すると、とりたちのダンスのわに小《ちい》さなネズミが二《に》ひき、ちかづいてきて、いいました。

「ぼくたちもボールきょうぎがしたいんだ。なかまにいれておくれよ」

「きみたちは四本足《よんほんあし》ではないか。どうぶつたちのチームへいきなさい」

ワシがいいました。

「どうぶつたちは、からだも小《ちい》さくて、力《ちから》もなくて、足《あし》も速《はや》くないぼくらを、なかまにいれてくれないんだ。ぼくたちはおいだされてきたのさ」

ワシはネズミたちをかわいそうにおもいましたが、はねがないのではどうしようもありません。

すると、タカがいいました。

「とりのなかまになりたいといって、わざわざやってきたんだ。おれたちで、おちびさんたちに、はねをつくってあげようじゃないか」

こうしてとりたちは、ネズミたちに、はねをつくるそうだんをはじめました。

「ぼくたちのたいこには、ブタのかわがはってあるよ。それで、はねをつくってみたらどうだい？」

イワツバメがいいました。
　さっそくとりたちは、たいこのかわをはがすさぎょうにとりかかりました。木《き》のえだでつくったほねぐみに、そのかわをはり、二《ふた》つの小《ちい》さなはねをつくりあげました。ネズミのまえ足《あし》にとめてみると、なんとまあ、ぴったりです。
「いまからきみは、コウモリと名《な》のるがいい」
　とりたちはコウモリに、とびかたをおしえてあげました。

コウモリは大《おお》よろこびで空中《くうちゅう》をとびまわり、ためしにボールをなげてやると、とてもじょうずにキャッチしました。

さて、もう一《いっ》ぴきのネズミです。こちらにもはねをつくってあげたいところですが、ざんねんながらたいこは一《ひと》つしかありません。

「そうだ。からだのかわをひっぱってみたらどうだろう?」

ウズラがいいました。

さっそく、力《ちから》じまんのワシと

タカが、くちばしでネズミのせなかのかわを左右《さゆう》にひっぱってみました。するとかわがのびてい、まくになり、とべるようになったのです。

「いまからきみは、モモンガと名《な》のるがいい」

モモンガもあっというまに、とぶことができるようになりました。するどい歯《は》でボールをキャッチして、すばやくとびさるのがとくいのようです。

さあ、いよいよ、しあいかい

しです。

どうぶつたちと、とりたちは、気《き》あいじゅうぶんにポジションにつきました。

どうぶつたちのゴールはむこうのおかの上《うえ》、とりたちのゴールははんたいがわのおかの上《うえ》です。

それでは、はじめ！

ボールが空《そら》たかく上《あ》がりました。

まず、ボールをキャッチしたのはモモンガです。

もとはネズミのモモンガは、うでの下《した》のまくをひろげてすべるように、森《もり》へボールをはこぶと、まちかまえていたタカにパスをしました。

ああ、ざんねん！　タカはボールをとりそこねてしまいました。

そこへとっしんしてきたのは、どうぶつたちのリーダー、クマです。そのはくりょくに、だれもちかづくことができません。

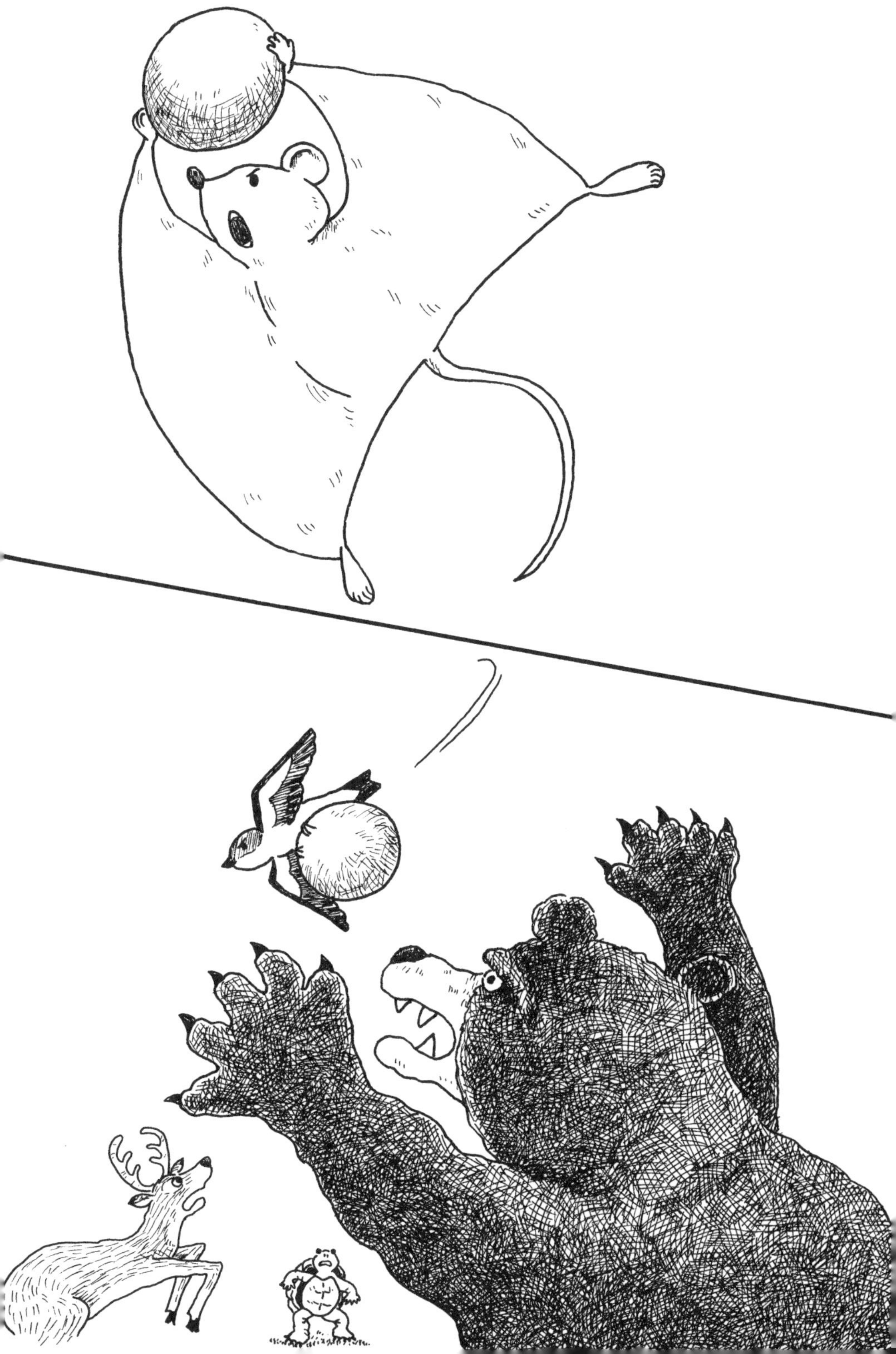

すると、やのようにとびこんできた、せんしゅがいました。イワツバメです。ゆうきをだしてボールをうばい、すかさずコウモリへパスしました。

コウモリはものすごい速《はや》さでおってくるシカを、ひらりひらりとかわします。足《あし》の速《はや》いシカも、うまくつかまえられません。

そのままコウモリはおかの上《うえ》にボールをはこび、ゴール！

とりたちは、おおもりあがりです。

そのあとも、とりたちはいきのあったパスをくりかえし、つぎつぎにゴールをきめていきました。

いっぽう、どうぶつたちのほうはゴールのまえで、ひっしにガード

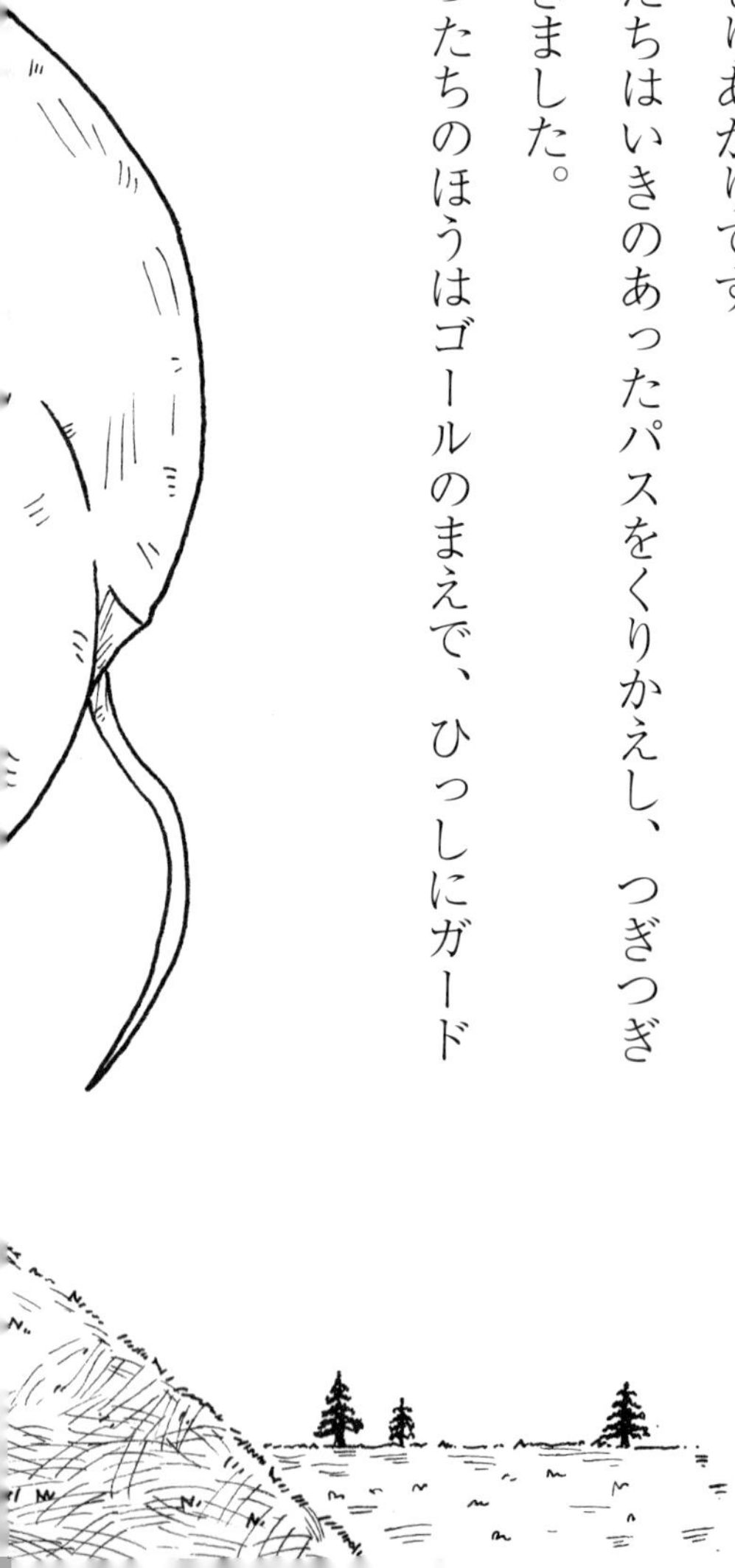

しょうとあせるばかりで、もみくちゃになってぶつかったり、ころんだりのおおさわぎ。けっきょく、力《ちから》じまんのどうぶつたちは、ほとんどボールにさわれないまま、しあいは、とりたちの大《だい》しょうりでおわりました。

とりたちは、しょうりのうたげをひらきました。

一《いち》ばんかつやくしたせんしゅには、ゆうきをもってクマのまえでボールをうばったイワツバメがえらばれました。

しょうひんは、みごとなひょうたんです。

イワツバメはよろこんで、ひょうたんの中《なか》にすをつくりましたとさ。

コヨーテとオオヤマネコ、たがいのかおにわるさする

むかしむかし、このせかいができたばかりのころ。

オオヤマネコの鼻《はな》は、キツネのようにたかくつきでていました。しっぽはながくふさふさで、オオヤマネコはそのうつくしさを、たいそうじまんにしておりました。

ある日《ひ》、オオヤマネコがひるねをしていると、コヨーテがとおりかかりました。

「あらあら、ぐっすりねむっちゃって」

コヨーテは、いたずらをするチャンスだとおもいました。

いきなりコヨーテは、オオヤマネコのたかい鼻《はな》をひっぱると、かおの中《なか》へぐいぐいとおしこみました。オオヤマネコの鼻《はな》はぺちゃんこになりました。

つぎは、ながくてりっぱなしっぽです。コヨーテはひっぱったかとおもうと、おしりの中《なか》へ、ぐいぐいとおしこんでしまいました。

「いたずら、だいせいこう！」

やがて、オオヤマネコは目《め》をさましました。

なんだか、いつもとかんじがちがいます。ふさふさのしっぽにさわろうとしましたが……ありません。ほんのみじかいしっぽが、おしりについているだけです。ごじまんのたかい鼻《はな》にさわろうとしましたが、かおがひらたくなっています。

オオヤマネコはなきだしてしまいました。みじかいしっぽも、ちんまりした鼻《はな》も、ちっとも気《き》にいりません。

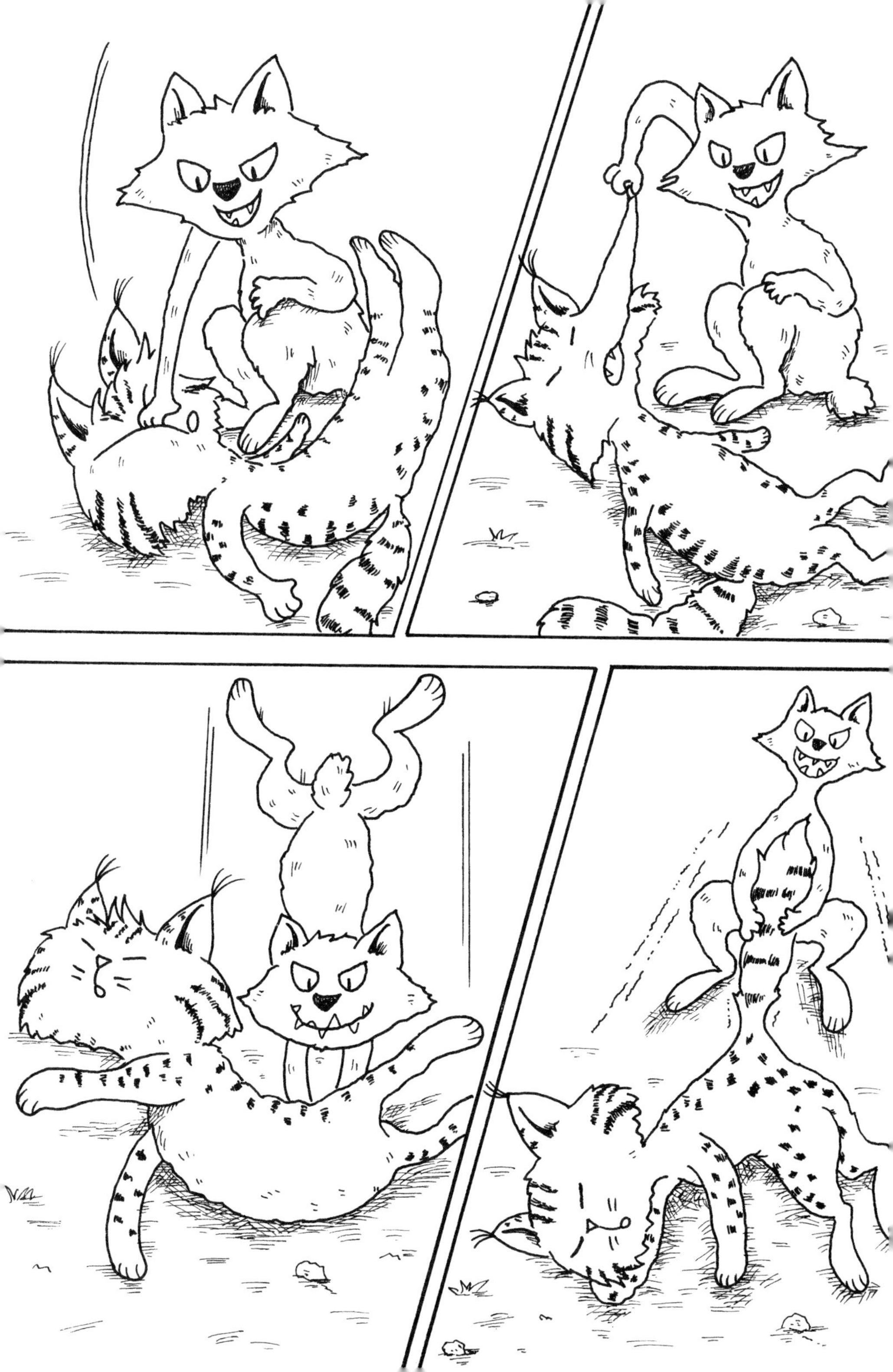

「こんないたずらをするのは、コヨーテにきまっている。ぜったいに、しかえししてやるぞ！」

　さて、このころのコヨーテというのは、小《ちい》さな鼻《はな》とみじかいしっぽのもちぬしでした。コヨーテはそのかわいらしい鼻《はな》としっぽを、たいへん気《き》にいっていました。

　オオヤマネコがコヨーテをようやくさがしだすと、コヨーテはひるねのまっさいちゅうでした。ぐっすりとねむりこんでいて、かみなりがなってもおきないくらいで

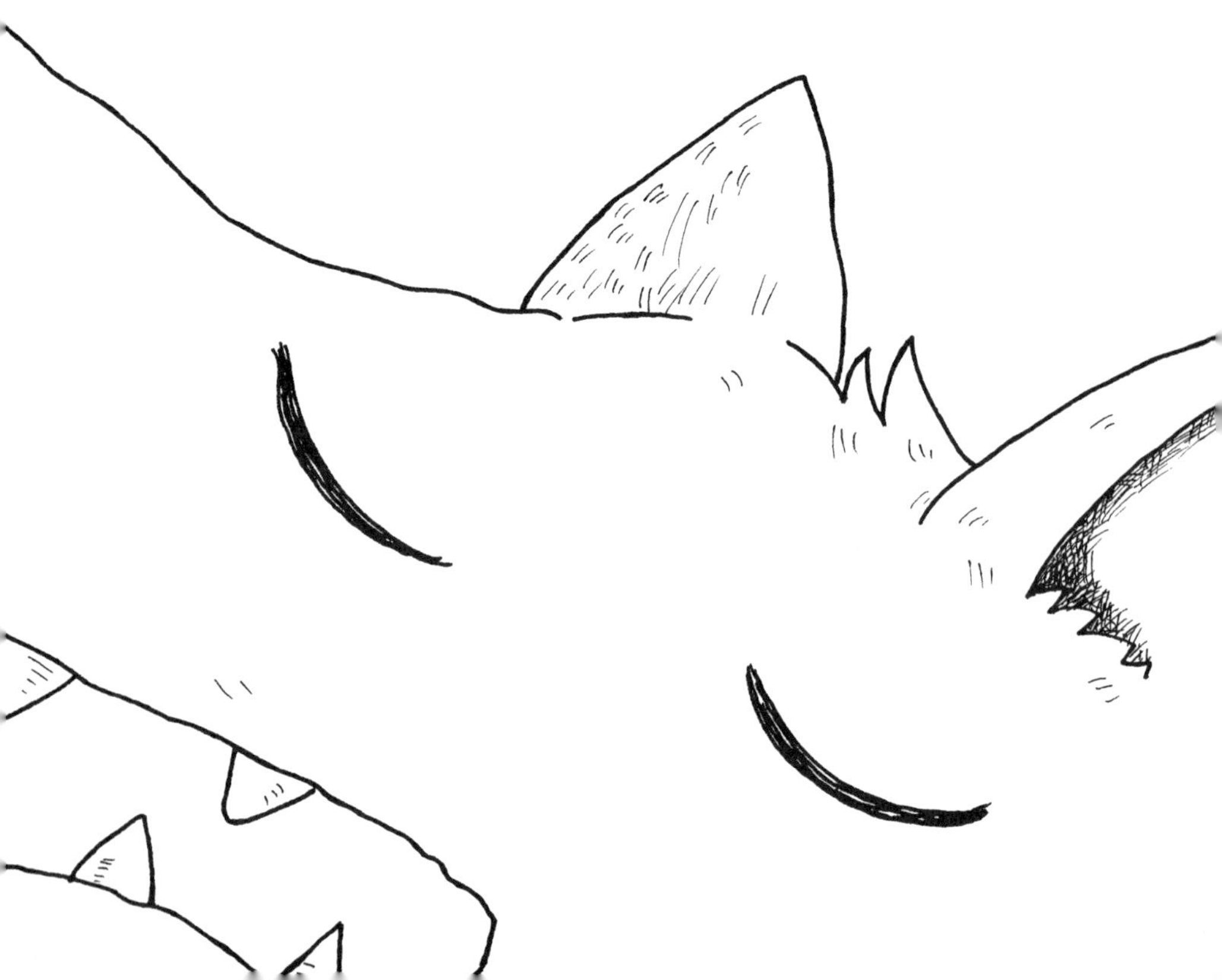

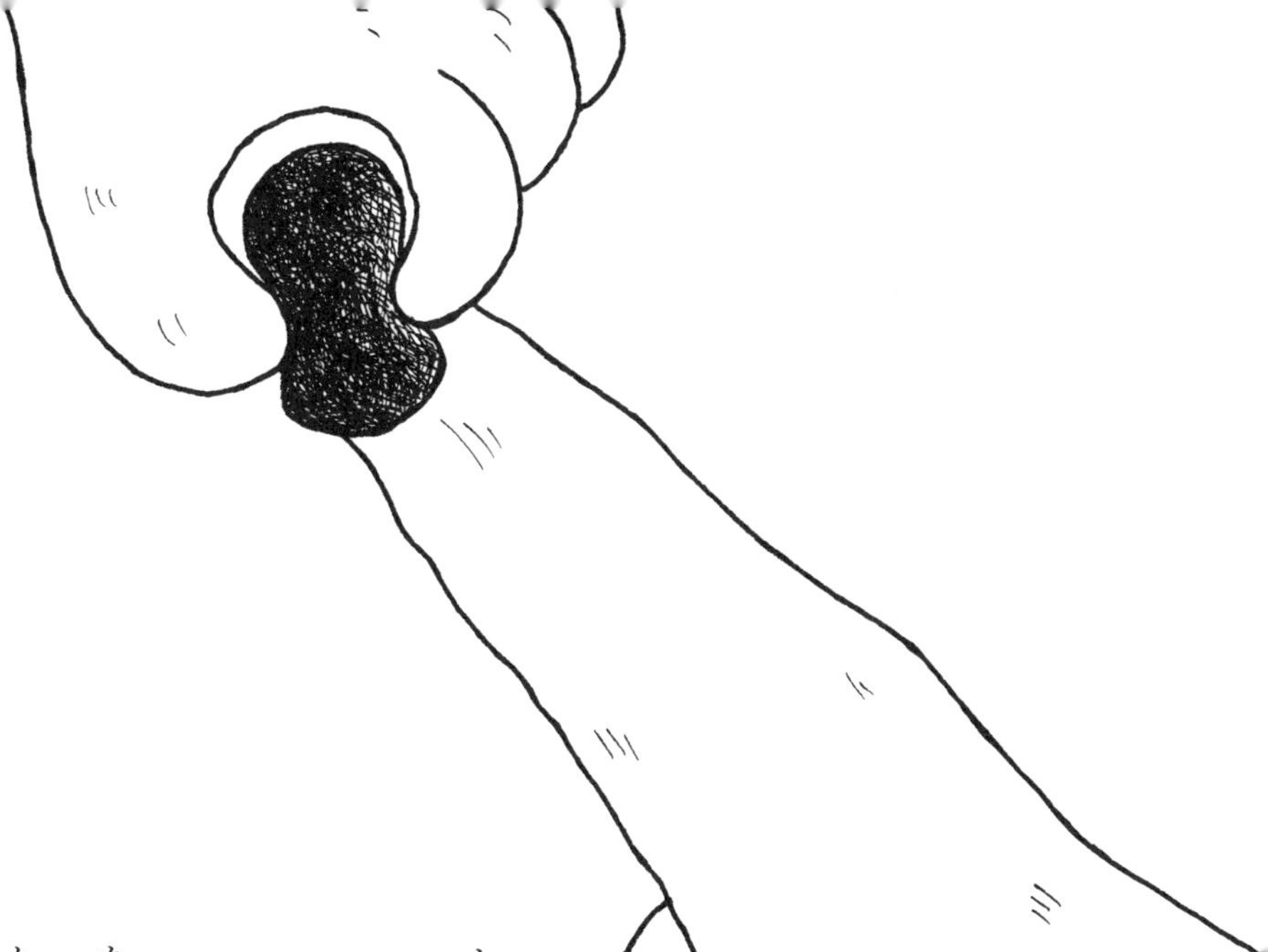

す。おまけに、たのしいゆめでも見《み》ているのか、にやにやしています。
「チャンスだ」
オオヤマネコはコヨーテの小《ちい》さな鼻《はな》をつまむと、力《ちから》いっぱいひっぱりました。そして、みじかいしっぽもぐいっ

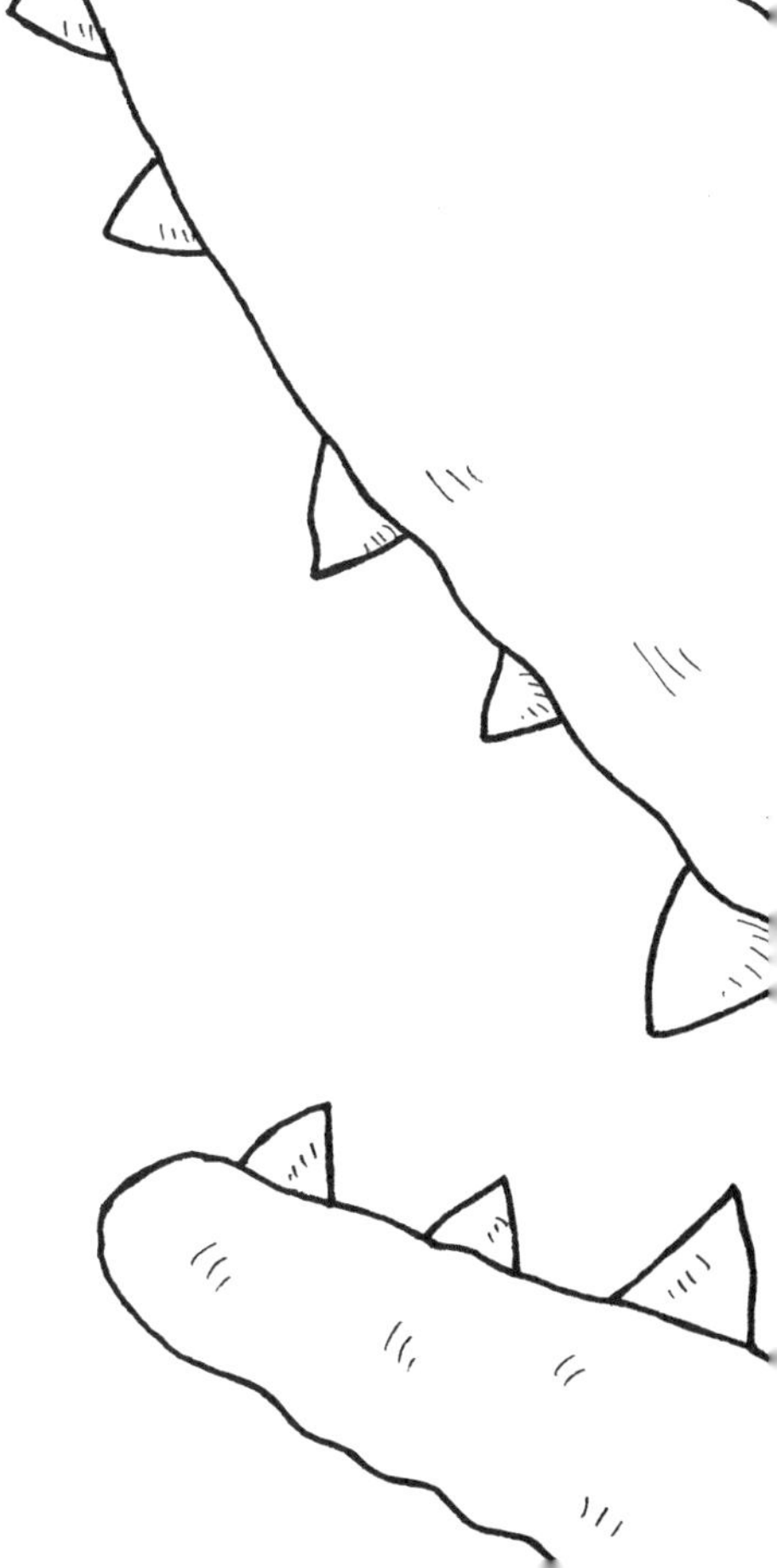

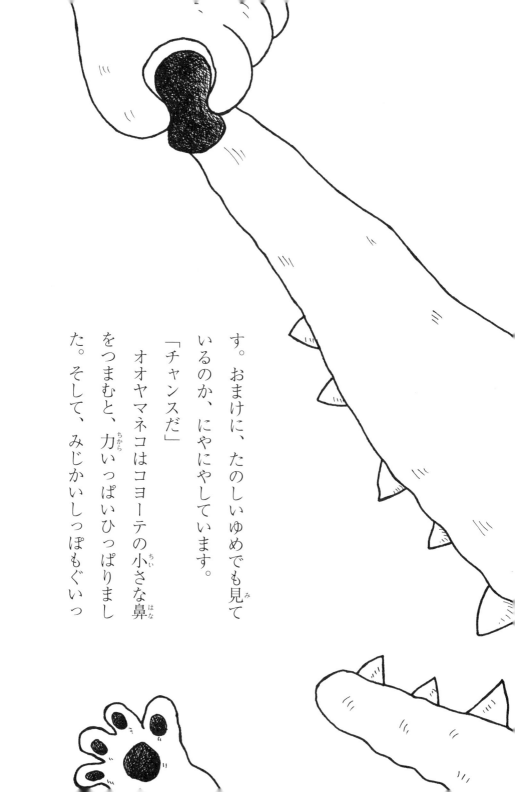

とひっぱりました。どちらも、ながくのびてしまいました。

「あーあ、よくねた」

やがて、ココーテは目《め》をさましました。

なんだか、いつもとかんじがちがいます。

「うん？　おれさまがひきずっているものは、なんだ？」

見《み》てみると、ながいしっぽが、じめんまでたれさがっています。

「おれさまのかおからつきでているものは、なんだ？」

さわってみると、鼻《はな》がたかくつきでています。

ココーテはちっとも気《き》にいりません。

「ちくしょう、オオヤマネコめ、やりやがったな！」

ながいしっぽをひきずりながら、ココーテはとぼとぼと、いえにかえりましたとさ。

フクロウじいさんのちえ

むかしむかし。

とある山《やま》のてっぺんに、フクロウのおじいさんと、おばあさんのふうふがくらしておりました。山《やま》のふもとには、プレーリードッグの村《むら》がありました。フクロウじいさんはたいへんかしこいので、プレーリードッグたちは山《やま》の上《うえ》のフクロウじいさんを、とてもそんけいしていました。

ある夏《なつ》のことです。

雨《あめ》がながくつづいていました。

まいにちまいにち雨《あめ》ばかり。じめんにしみわたった雨《あめ》は、スベリヒユを

ぐんぐんそだて、みずみずしいはっぱがたくさんつきました。
プレーリードッグたちは、このはっぱがだいこうぶつです。どんなにたくさんたべようと、つぎからつぎへとスベリヒユのはっぱはしげりますから、プレーリードッグたちは、まるまるとふとりました。たべきれないはっぱは、そうこにたくわえておきました。
プレーリードッグのいえは、じ

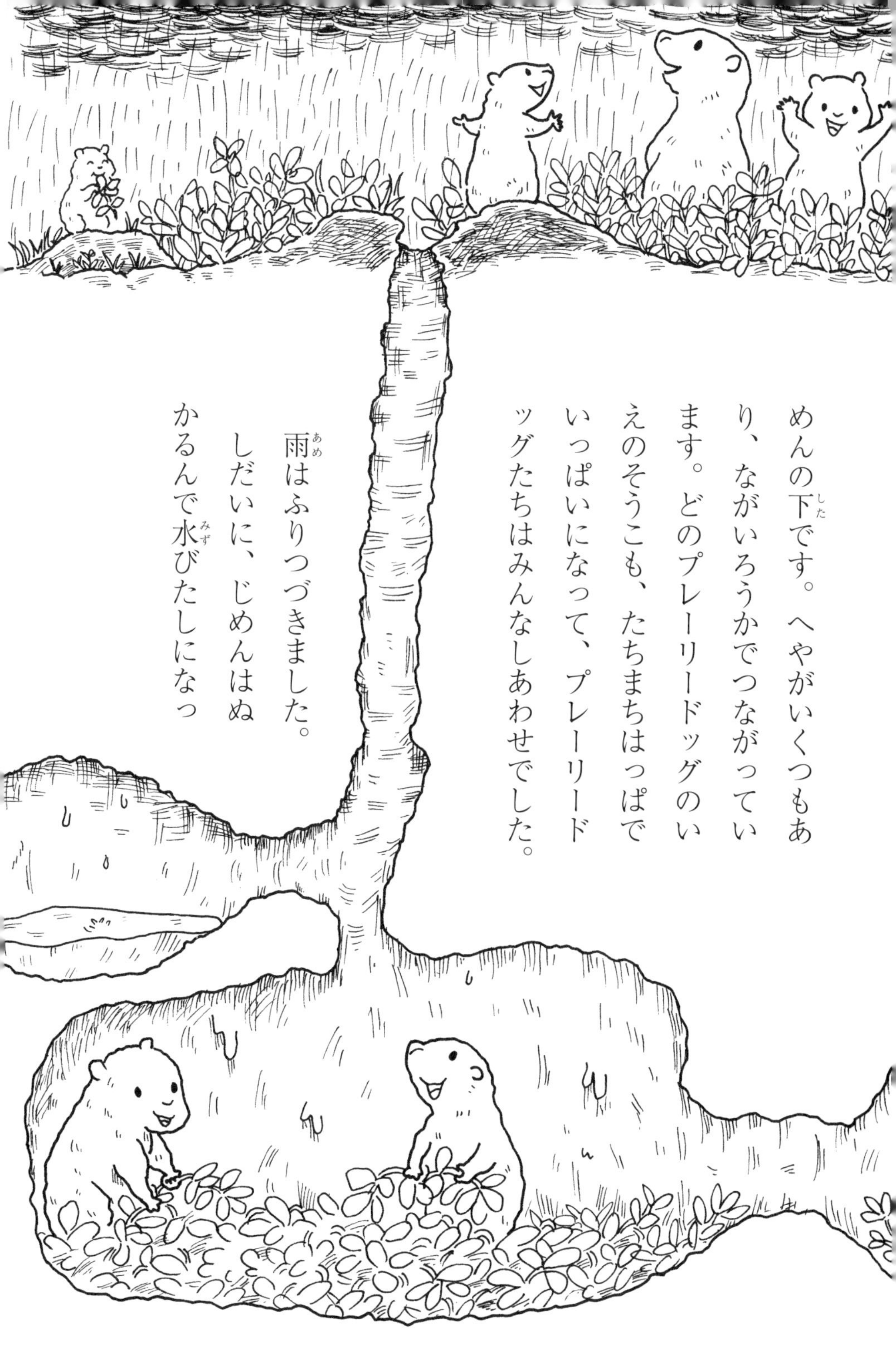

めんの下《した》です。へやがいくつもあり、ながいろうかでつながっています。どのプレーリードッグのいえのそうこも、たちまちはっぱでいっぱいになって、プレーリードッグたちはみんなしあわせでした。

雨《あめ》はふりつづきました。しだいに、じめんはぬかるんで水《みず》びたしになっ

てきました。あおあおとしたスベリヒユのはっぱも、水《みず》につかってくさってしまいました。雨《あめ》はプレーリードッグたちのいえの中《なか》にもおしよせてきて、せっかく、そうこにたくわえたはっぱも水《みず》びたしです。

さらに雨《あめ》はふりつづきました。

ついにたべるものがなくなり、プレーリードッグたちは、どんどんやせていきました。いくつもあるへやは、すべて水《みず》びたしになり、おおぜいのプレーリードッグたちは、すむところをうしないました。ただただ雨《あめ》の中《なか》、かなしそうなかおをするばかりです。

プレーリードッグたちは、きんきゅうのしゅうかいをひらくことにしました。

いえをうしない、たべものをうしなったプレーリードッグたちは、しんけんにはなしあいました。でも、どうしたらいいのか、さっぱ

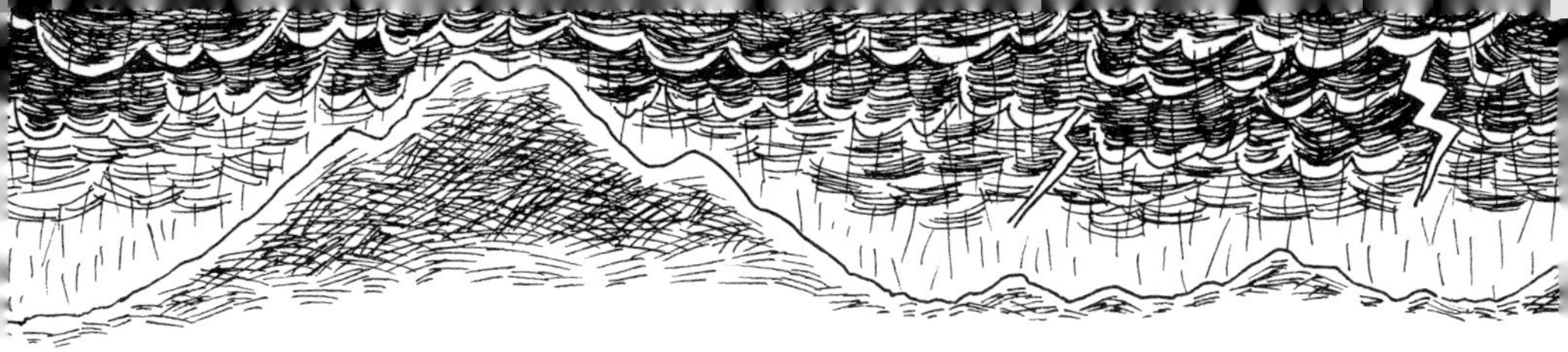

りわかりません。

一《いっ》ぴきのプレーリードッグがいいました。

「そうだ、山《やま》の上《うえ》のフクロウじいさんにそうだんしてみよう。フクロウじいさんはかしこいから、きっといいちえをかしてくれるよ」

「それは、いいかんがえだ」

みんな口《くち》ぐちにさんせいして、すぐに、いいだしたプレーリードッグが、山《やま》の上《うえ》へとしゅっぱつしました。

雨《あめ》の中《なか》、すべりやすい、きゅう

な山《やま》みちはきけんです。やっとのことで、山《やま》の上《うえ》のフクロウじいさんのいえにたどりつきました。

プレーリードッグは、しつれいのないように、すこしはなれたところでひざまずき、「プレーリードッグから、おねがいがございます」と、よばわります。

すると、フクロウじいさんが目《め》をしばたたかせながら、すがたをあらわしました。

「雨《あめ》の中《なか》、ごくろうなことじゃ。おまえさんがわざわざ山《やま》をのぼってきたのは、村《むら》が水《みず》びたしでこまっているからじゃろう。つまり、この雨《あめ》をどうにかしてほしいということになるのだな」

「さすがはフクロウじいさんです、まったくそのとおりでございます」

フクロウじいさんはつめのさきで、目《め》のはしをひっかきながらいいました。

「雨《あめ》をやませるのは、そうかんたんなことではない。わしもだんじきとめいそうをおこない、どうすればよいか、かんがえてみよう。四日間《よっかかん》まつのじゃ。おまえさんは村《むら》にかえり、みんなといっしょにまっているがいい」

プレーリードッグはうやうやしくあいさつをすませ、もときたみちをかえっていきました。

さて、フクロウじいさんは、すぐにだんじきにはいりました。たべものをたべないですごすのです。そして、めいそうをはじめました。目《め》をとじて、こころをしゅうちゅうさせ、ふかくおもいをめぐらせるのです。そうすれば、こたえがおのずから見《み》えてくるはずです。

フクロウじいさんは、なにかよいかんがえはないものかと、ひるも、よるも、ひとりしずかにめいそうをつづけました。

つぎの日《ひ》のあさ、フクロウじいさんは、フクロウばあさんにいいました。

「ばあさんや、まめはあるかい？　ほら、にるとくさいにおいのする、あ

のまめじゃよ」

「ああ、あの小《ちい》さな、かわのあついまめですね。たんとありますよ」

「それをぜんぶスープにしておくれ」

つぎに、フクロウじいさんは森《もり》へはいりました。そして、木《き》のえだというえだをていねいにさがして、まるまるふとったカメムシを見《み》つけだしました。

フクロウじいさんにつままれたカメムシは、なにごとがおきたかと、手足《てあし》をばたばたさせておおあばれです。

「おちつくのじゃ。おまえに、うちのばあさんのじまんのりょうりを、ごち

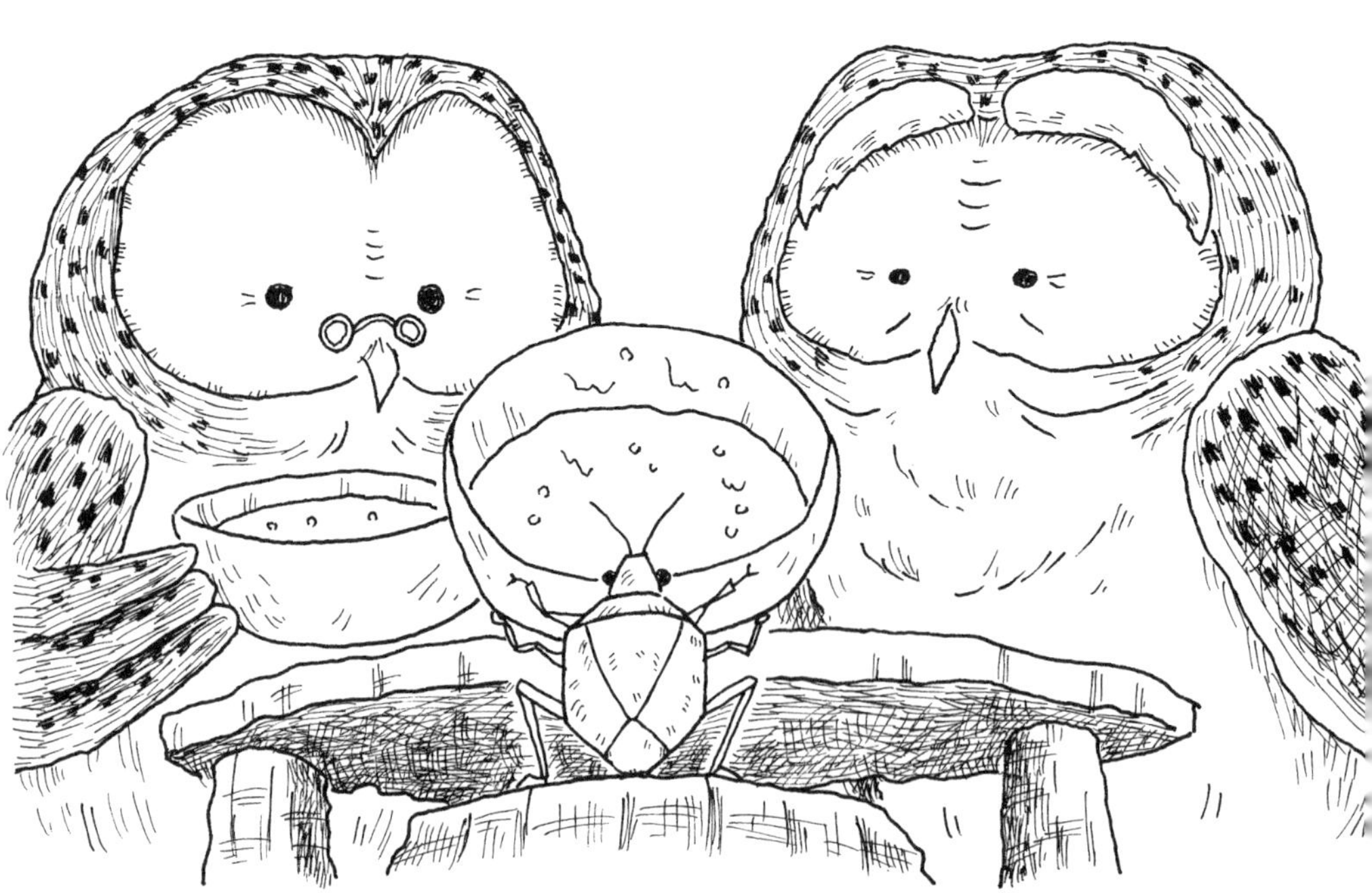

そうしてあげようというのじゃから」

　フクロウじいさんがいえにもどると、フクロウばあさんの、できたてほやほやのまめのスープが、ゆげをあげていました。あたりには、まめのなんともいえない、くさいにおいがただよっています。

「カメムシよ、たんとたべるがいい」

　おなかをすかせていたカメムシは、むちゅうになってたべはじめました。ごっくんごっくんと大《おお》きな音《おと》をならして、スープをのみほしていきます。

「おかわりはどうじゃ？　ばあさん

や、どんどんもってきておくれ」

カメムシは、つぎつぎにスープをたいらげていきました。

するとどんどん、カメムシのおなかはふくらんでいきました。みごとなたいこばらです。たいりょうのスープをのみほして、あせをふきふき、カメムシはいいました。

「ふう、もうおなかいっぱいだ」

カメムシがまめのスープをたべているあいだ、フクロウじいさんは大《おお》きなかわのふくろをこしらえていました。カメムシがたべおわ

るとどうじに、大《おお》きなふくろもかんせいです。

「カメムシよ、まんぷくになったのはいいが、そのはらはちょいと大《おお》きすぎやしないかね？」

たしかにカメムシは、たいこばらをかかえて、まともにうごくこともできません。

「わしにまかせなさい。おまえはこのふくろにはいるのじゃ。おなかをマッサージしてしんぜよう」

カメムシはよろよろと立《た》ち上《あ》がると、あたまからふくろにはいっていきました。そしてフクロウじいさんは、ふくろの上《うえ》からカメムシをやさしくふんであげました。

するとどうでしょう。

ふくろがどんどんふくらんでいきます。ふめばふむほど、大《おお》きなふくろはぱんぱんになり、いまにもはれつしそうです。

カメムシがふくろから出《で》てきました。おなかはもとの大《おお》きさにもどっています。うごきもかろやかです。

「カメムシよ、よくやった！　おまえのおか

げでうまくいきそうじゃよ」

カメムシはうれしそうにごはんのおれいをいうと、森《もり》へかえっていきました。

やくそくの四日目《よっかめ》になりました。

雨《あめ》ははげしさをまして、ふりつづいています。

プレーリードッグたちは、うしろ足《あし》で立《た》ち上《あ》がり、しんぱいそうに山《やま》の上《うえ》とくらい空《そら》を見《み》つめています。

フクロウじいさんは大《おお》きなふくろをかた足《あし》に、もういっぽうの足《あし》につえをつかむと、雨《あめ》の中《なか》を空《そら》にむかってすすみ出《で》ました。大《おお》きなふくろは、ごうごうと、あらしのような音《おと》をたててうごめいています。

さて、しってのとおり、カメムシのおならはだれもがまんできないほど、ものすごいにおいがします。そのにおいの、ひどいことといったら……。いくらきれいな水《みず》でごしごしあらっても、そのにおいはなかなかとれるも

のではありません。

ただでさえくさいカメムシのおならに、くさいまめのスープのにおいをまぜて、フクロウじいさんはこの大《おお》きなふくろの中《なか》に、きょうりょくなメ

ディスンをつくりだしたのでした。メディスンとは、ふしぎなことをおこしてくれる、大《おお》いなる力《ちから》をもつものです。

それ！

フクロウじいさんはこんしんの力《ちから》をこめて、つえでふくろをうちすえました。

ゴーッ！

ふくろからかぜが、天《てん》にむかってながれていきます。ものすごいにおいです。フクロウじいさんの目《め》からなみだが出《で》てきました。

するとまっくろだった雲《くも》が、一《いち》ばんたかいところで、しろっぽくなりはじめたではありませんか。

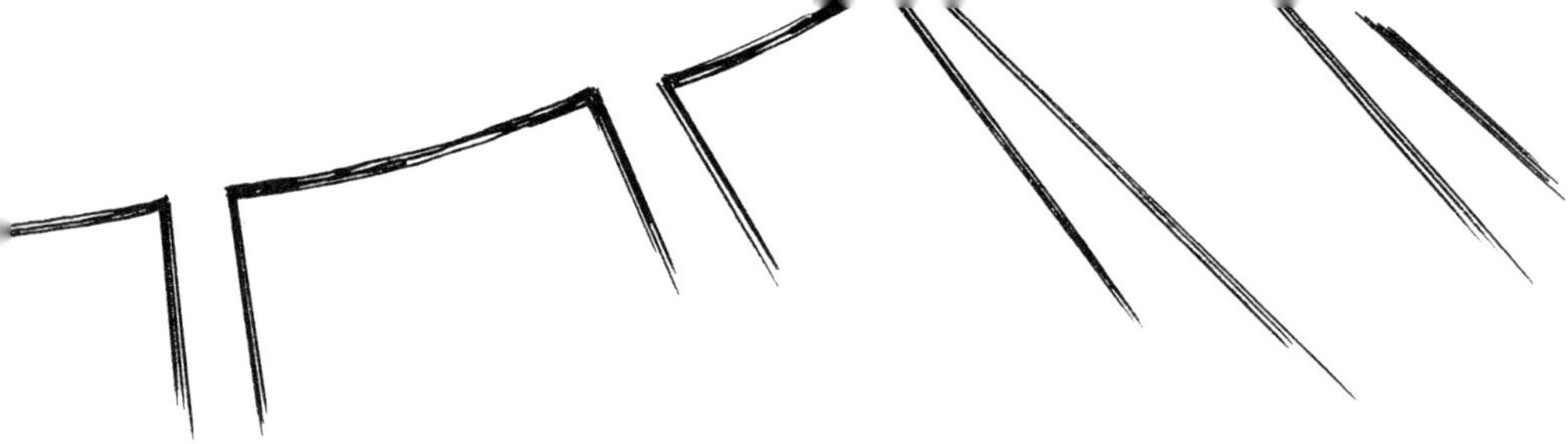

それ！

フクロウじいさんはもういちど、ふくろをうちすえました。

すると、雲《くも》のむこうから太陽《たいよう》のひかりがすけて見《み》えるようになりました。あつい雲《くも》がどんどんちぎれて、とおざかっていきます。

さらにフクロウじいさんがふくろをたたくと、中《なか》のかぜがぜんぶ出《で》ていきました。

まちのぞんでいた太陽《たいよう》が、とうとうすがたをあらわしました。日《ひ》

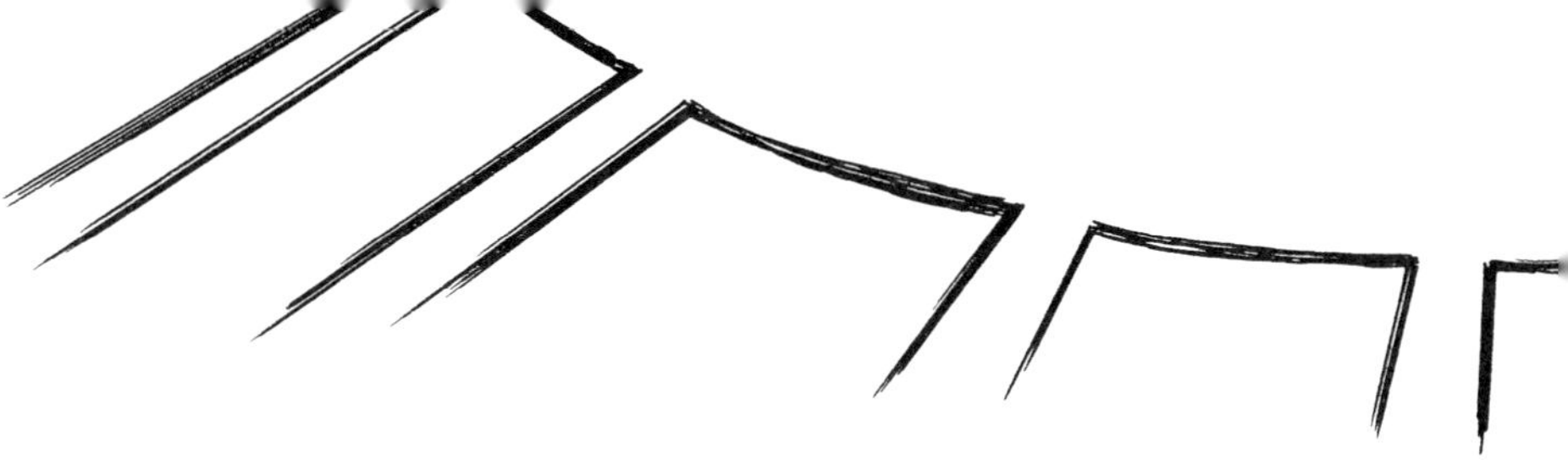

のひかりがそそぎはじめ、雲《くも》はとおざかり、あお空《ぞら》がひろがっていきます。

　ことのなりゆきを見《み》まもっていたプレーリードッグたちは、いっせいによろこびのこえをあげました。

　そして山《やま》の上《うえ》の、いだいなフクロウじいさんをほめたたえたのです。

コヨーテ、火《ひ》をぬすむ

むかしむかし、この世《よ》には火《ひ》がありませんでした。

さむくてもからだをあたためることができず、冬《ふゆ》にはからだをよせあって、ふるえているしかありませんでした。

ある日《ひ》、トカゲがひなたぼっこをしていると、かぜにのって、なにかがふわふわとんできました。

「なにか、見《み》たことがないものがとんでくるよ！」

トカゲがさけぶと、どうぶつたちがみんなあつまってきました。じめんにおちたふわふわしたものがなんなのか、気《き》になってしようがありません。

「これはうわさにきいた、灰《はい》ってやつだよ」

ものしりのコヨーテがいいました。

「なにかを火《ひ》でもやすとできるものさ」

どこかに火《ひ》がある！

どうぶつたちはおおさわぎです。

「まずは、どこからこの灰《はい》がやってきたのかしらべてみよう」

さっそくハチドリが空《そら》たかくとんで、あたりを見《み》まわしてみました。どうぶつたちは、あごをあげて目《め》をほそめて、そのようすを見《み》まもります。

東西南北《とうざいなんぼく》じっくりと見《み》まわしたハチドリは、おりてきていいました。

「南《みなみ》のほうに火《ひ》があるよ。大《おお》きな火《ひ》のまわりで、たくさんの小《ちい》さな火《ひ》がおどっているよ」

さっそくどうぶつたちは、南《みなみ》へとしゅっぱつしました。

すると、「おれさまにいいかんがえがある」とコヨーテがいいました。

なにかさくせんがあるようです。
コヨーテは南《みなみ》へむかってあるいていきながら、どうぶつたちに、あいだをあけてひとりずつ、まっているようにいいました。村《むら》の一《いち》ばんちかいところに一《いち》ばんよわいもの、火《ひ》のありかの一《いち》ばんちかいところに一《いち》ばんつよいものがいるように、もちばをわりあてたのです。

ひとりのこったコヨーテは、せのたかい草《くさ》をあつめてかつらをつくりました。あたまにのせて、ながいかみをふりみだしてみると、まるで、ほのおのように見《み》えます。こうしてコヨーテは、ながいかみをなびかせながら南《みなみ》

へむかいました。
　さて、大《おお》きな火《ひ》が見《み》えてきました。大《おお》きな火《ひ》のまわりで、おおぜいの小《ちい》さな火《ひ》がおどりまわっています。どうやら火《ひ》のおまつりのようです。
　かみのながいコヨーテは、なにくわぬかおで、おどりのわにはいっていきました。だれもコヨーテだとは気《き》づかず、火《ひ》のなかまだとおもっているようです。

コヨーテは、するすると大《おお》きな火《ひ》にちかづいていきました。

そして、あたまにのせたかつらに火《ひ》をもえうつしたのです。

火《ひ》をぬすみだすことにせいこうしたコヨーテは、いちもくさんににげだしました。

するとうしろでは、火《ひ》のこがあが

り、大《おお》きなほのおがきえてしまいました。

「火《ひ》がぬすまれたぞ！」

たちまち小《ちい》さな火《ひ》たちが、コヨーテをおってきました。

コヨーテはぜんそくりょくではしり、一《いち》ばんちかいところでまっていた、クーガーに火《ひ》をわたしました。

「つぎにわたしてくれ！　たのむぞ！」

クーガーは、いっしょうけんめいはしりました。

まえにグリズリーが見《み》えてきました。そして、さくせんどおり、火《ひ》をグリズリーにわたしました。

「つぎにわたしてくれ！　たのむ！」

このようにして、グリズリーからクマへ、クマからオオカミ

へと、火《ひ》はつぎつぎにわたっていきました。

そのあいだにも、小《ちい》さな火《ひ》たちはものすごいスピードで空《そら》をとんできます。

ようやく、どうぶつたちの村《むら》のちかくまでやってきました。

火《ひ》はリスにわたりました。リスはいっしょうけんめいはしりました。おかげで、しっぽが火《ひ》でやけてしまい、くるっとまるまってしまったほどです。

さいごに、村《むら》の一《いち》ばんちかくでまっていたのはカエルです。

しかしカエルは、足《あし》にはまったくじしんがありませんでした。

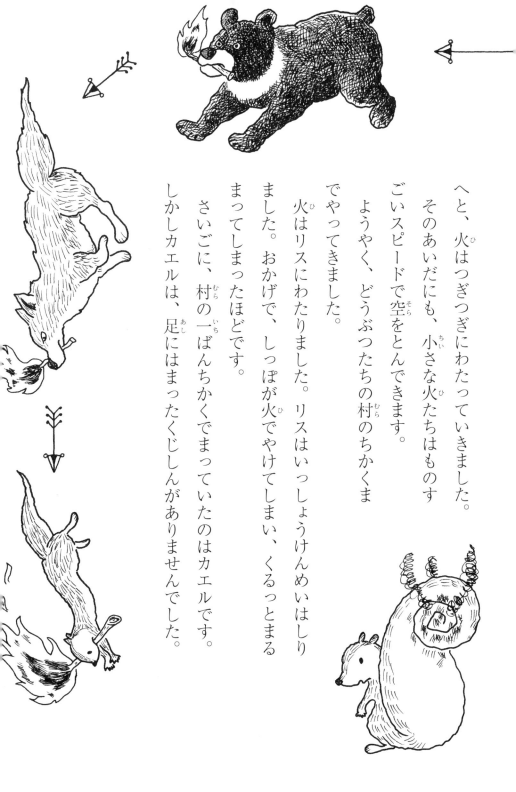

そこでリスからうけとると、カエルは、大《おお》きな口《くち》をあけて火《ひ》をのみこんでしまいました。

うしろに小《ちい》さな火《ひ》たちがせまってきます。

すると、カエルはたかくとび上《あ》がり、川《かわ》へとびこみました。

「バカなやつだ。川《かわ》にもぐったぞ」

「これでは火《ひ》も、きえてしまったにちがいない」

小《ちい》さな火《ひ》たちは川《かわ》にもぐったカエルを見《み》て、ひきかえしていきました。

やがてどうぶつたちが村《むら》にもどってくると、カエルは川《かわ》から出《で》てきました。そしてかわいた木《き》のえだをあつめると、その上《うえ》に火《ひ》をはきだしました。

火《ひ》は木《き》のえだの中《なか》へと、はいっていきました。

こうして、かわいた木《き》をこすりあわせると、いつでも火《ひ》をおこすことができるようになったのです。

それからは、さむいときにはあたたかい火《ひ》をかこみ、にんげんたちも火《ひ》をつかってりょうりをして、たべものをおいしくたべられるようになったのです。

コヨーテ、七人《しちにん》の巨人《きょじん》とたたかう

むかしむかし。

とある山《やま》の中《なか》に、七人《しちにん》の巨人《きょじん》のきょうだいがくらしておりました。巨人《きょじん》たちは、どんなにたかい松《まつ》の木《き》よりもたかく、どんなにかたいオークの木《き》よりもがんじょうで、しかも、たいへんならんぼうものでした。

巨人《きょじん》たちが山《やま》をおりてくるたびに、ふもとの村人《むらびと》たちはきょうふにふるえました。巨人《きょじん》たちはいえごと、にんげんたちをふみつぶしていくのです。

村《むら》の女《おんな》たちはこどもたちをかくそうとしましたが、かたっぱしからつかまえられて、たべられてしまいました。

このままでは村《むら》はぜんめつです。なんとかしなければなりません。けれども、巨人《きょじん》は七人《しちにん》もいて、しかも、いつもいっしょにいるのです。

村《むら》の長《ちょう》ろうは、コヨーテにたすけをもとめました。

「ともよ」

長《ちょう》ろうはコヨーテにいいました。

「おまえはかしこいし、ゆうきもある」

ほめられるとコヨーテもわるい気《き》はしません。

「おまえはかずかずの怪物《かいぶつ》をやっつけてきた。おまえのぶゆうをしらぬものはお

るまい」

「まあね」

コヨーテはだんだん、とくいになってきました。

「おれさまは、山《やま》よりも大《おお》きな怪物《かいぶつ》や、おそろしくきょうぼうで人《ひと》をくう怪物《かいぶつ》をやっつけたこともあるよ」

「ならば、巨人《きょじん》が七人《しちにん》いたとて、おまえにはたいしたあいてではあるまいな」

「まあね」

コヨーテは、巨人《きょじん》たいじをひきうけ

てしまいました。

さて、こまりました。巨人《きょじん》が七人《しちにん》、しかも七人《しちにん》がいつもいっしょにいるというのです。

「どうしたらいいのか、けんとうもつかないぞ」

あたまをかかえたコヨーテは、かしこいとひょうばんのキツネにそうだんしました。ふたりでしんけんにちえをしぼり、さくせんを立《た》てたのです。

まずコヨーテは、りっぱなつめをもつ、どうぶつたちをよびあつめました。ビーバーにマーモット、クーガーにク

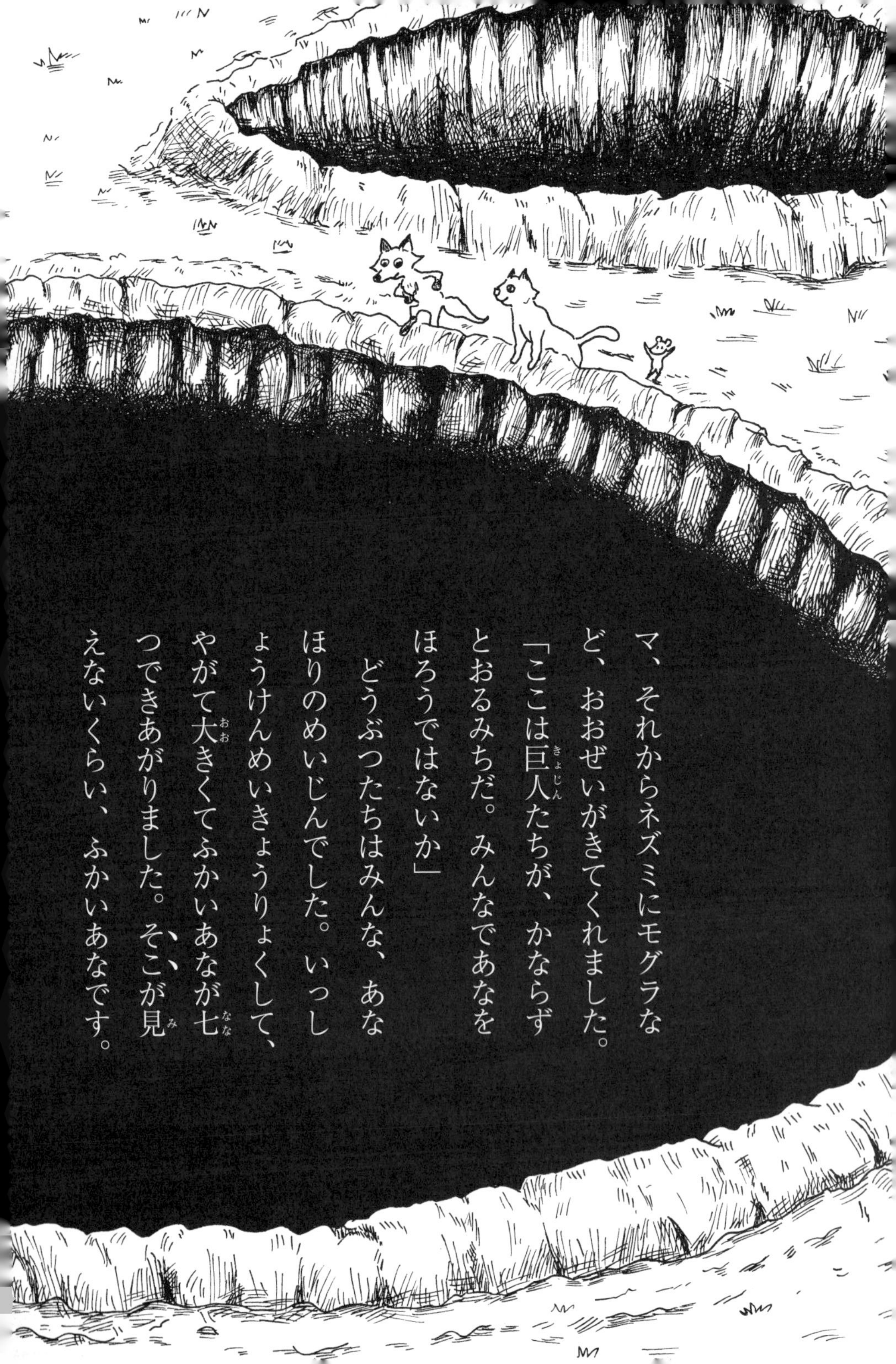

マ、それからネズミにモグラなど、おおぜいがきてくれました。
「ここは巨人《きょじん》たちが、かならずとおるみちだ。みんなであなをほろうではないか」

　どうぶつたちはみんな、あなほりのめいじんでした。いっしょうけんめいきょうりょくして、やがて大《おお》きくてふかいあなが七《なな》つできあがりました。そこが見《み》えないくらい、ふかいあなです。

そこに、コヨーテがよういしたオレンジいろの水《みず》をそそぎます。みんなで手《て》わけして水《みず》をいれると、オレンジいろの池《いけ》が七《なな》つ、できあがりました。

それからキツネが石《いし》をやきました。あつあつにやけた石《いし》をオレンジいろの池《いけ》に、どんどんほうりこんでいきます。すると池《いけ》は、ぐつぐつとにえてきました。

そのときです。

むこうから、七人《しちにん》の巨人《きょじん》たちがやってきました。巨人《きょじん》たちは空《そら》までとどきそうにたかく、山《やま》のような大《おお》きさです。じぶんたちにたてつくものなどだれもいないとばかりに、ふんぞりかえってあるいてきます。

コヨーテとキツネは、岩《いわ》かげにかくれて見《み》ていました。

巨人《きょじん》たちは、オレンジいろの池《いけ》にちかづいていきました。巨《きょ》人《じん》たちにとっては、水《みず》たまりのような大《おお》きさです。ようじんも

せずにふんでいこうとすると、池《いけ》はたいへんふかいのでした。

ドボン、ドボン、ドボン
巨人《きょじん》はひとり、またひとりと池《いけ》にはまっていきました。オレンジいろの水《みず》は、やいた石《いし》のせいで、ものすごいあつさです。

ウォー！

巨人《きょじん》たちはうなりごえをあげて、池《いけ》から出《で》ようともがきました。しかしたいへんふかくて、おまけにせまくて、はまりこんでしまった巨人《きょじん》たちは出《で》られません。いくら手足《てあし》をうごかしても、オレンジいろの水《みず》があたりにばしゃばしゃと、とびちるだけでした。

コヨーテは、かくれていた岩《いわ》かげから出《で》てきました。

「おまえたちはずっとわるいことをしてきた。だから、おまえたちを山《やま》にかえてやろう。これからはずっとやすみなく、立《た》ちつづけなければならないぞ」

七人《しちにん》の巨人《きょじん》は山《やま》になりました。天《てん》たかくそびえる、けわしい七《なな》つの山《やま》になりました。

この山《やま》やまは、いまではデビルズマウンテン（あくまの山《やま》）とよばれています。

七人《しちにん》の巨人《きょじん》たちがまきちらしたオレンジいろの水《みず》はひえて、銅《どう》になりました。巨人《きょじん》にくるしめられてきた村《むら》のにんげんたちは、銅《どう》をとることで、ゆたかにくらしていくことができたといいます。

コヨーテとアメリカ

コヨーテはイヌ科《か》の動物《どうぶつ》です。犬《いぬ》と先祖《せんぞ》がおなじです。キツネやオオカミとすがたかたちがよくにているのは、みんなおなじ仲間《なかま》だからです。人間《にんげん》がアメリカ大陸《たいりく》にあらわれたのは数万年前《すうまんねんまえ》といわれていますが、コヨーテは人間《にんげん》よりもはるかむかしから、そこで生活《せいかつ》していました。

アメリカインディアンは、自分《じぶん》たちよりもずっと前《まえ》からいたコヨーテを、とてもうやまいました。ですからインディアンの神話《しんわ》のなかで、コヨーテは神《かみ》さまのように地面《じめん》をつくったり、人間《にんげん》をつくったり、太陽《たいよう》や月《つき》、火《ひ》や夏《なつ》をはこんできたりしてくれます。さらに人間《にんげん》のためにわるい巨人《きょじん》をたいじするかと思《おも》うと、いっぽうで、こうきしんおうせいなところがわざわいいして歌《うた》をおぼえようとして失敗《しっぱい》したり、いたずらしてしかえしされたりと、まぬけだったりもします。よいところとわるいところ、かしこいところとおろかなところ、まったく正反対《せいはんたい》の性質《せいしつ》をあわせもっているのがコヨーテのみりょくです。

しかし、コヨーテにはたいへんきらわれた時期《じき》がありました。今《いま》から一五〇年《ねん》ほど前《まえ》、アメリカ合衆国《がっしゅうこく》の西部開拓時代《せいぶかいたくじだい》のことです。コヨーテは牧場《ぼくじょう》のウシやヒツジをおそうというので、一《いっ》ぴきにつきいくらと政府《せいふ》が懸賞金《けんしょうきん》をかけて、コヨーテを殺《ころ》すことをどんどんすすめました。

有名《ゆうめい》な『シートン動物記《どうぶつき》』の中《なか》に「コヨーテのティトー」という物語《ものがたり》があります。ティトーは人間《にんげん》に母親《ははおや》や兄弟《きょうだい》たちを殺《ころ》されたうえに、牧場《ぼくじょう》につれてこられて、ワナや毒《どく》の実験台《じっけんだい》にされて、さんざんな目《め》にあわされます。コヨーテは殺《ころ》してもいいと思《おも》われていたためです。しかしティトーは、たくましく生《い》きのびていきます。作者《さくしゃ》のシートンはコヨーテの中《なか》に、かしこさと、たくましさを見《み》ていたのでしょう。

アメリカ合衆国《がっしゅうこく》は世界一《せかいいち》の都市《とし》があるいっぽうで、たくさんの野生動物《やせいどうぶつ》が住《す》んでいます。今《いま》では自然《しぜん》を大切《たいせつ》なものとする文化《ぶんか》がそだち、大《おお》きな国立公園《こくりつこうえん》がいくつもあって、この本《ほん》に登場《とうじょう》する動物《どうぶつ》たちもそこでのびのびと生活《せいかつ》しています。

インディアンにとっての聖《せい》なる鳥《とり》ワシは、アメリカ合衆国《がっしゅうこく》の国鳥《こくちょう》でもあるのです。

（高野由里子）

〈参考文献〉

この世のはじまり

A. L. Kroeber, *Indian Myths of South Central California* (Berkeley: U of California P, 1907).

コヨーテ、うたをうたう

Frank Hamilton Cushing, recorded and translated, *Zuni Folk Tales* (1901; Whitefish, MT: Kessinger, 2006).

Richard Erdoes and Alfonso Ortiz, selected and edited, *American Indian Trickster Tales* (New York: Penguin, 1999).

コヨーテ、グリズリーをからかう

Franz Boas, *Kutenai Tales*, (Washington: Govt. print. off., 1918).

大きゅうぎたいかい

Katharine Berry Judson, *Myths and Legends of the Mississippi Valley and the Great Lakes* (Chicago: A. C. McClurg & Co., 1914).

コヨーテとオオヤマネコ、たがいのかおにわるさする

J. Alden Mason, "Myths of the Uintah Utes," *The Journal of American Folklore 23* (1910).

フクロウじいさんのちえ

Frank Hamilton Cushing, recorded and translated, *Zuni Folk Tales*.

コヨーテ、火をぬすむ

Katharine Berry Judson, *Myths and Legends of California and the Old Southwest* (Chicago: A. C. McClurg & Co., 1912).

Julian H. Steward, *Some Western Shoshoni Myths* (Washington: Govt. print. off., 1943).

コヨーテ、七人の巨人とたたかう

Ella E. Clark, *Indian Legends of the Pacific Northwest* (1953; Berkeley: U of California P, 2003).

高野由里子
たかの・ゆりこ

1968年生まれ。東京都立大学英文学博士後期課程満期退学。訳書にインディアンの児童よみもの『魔術師ミショーシャ——北米インディアンの話』(H.R. スクールクラフト 採話、長沢竜太 絵、風濤社)、『コヨーテ 太陽をぬすむ——アメリカインディアンのおはなし』(編訳、古沢たつお 絵、風濤社)がある。

古沢たつお
ふるさわ・たつお

1976年東京生まれ。絵本のワークショップ「あとさき塾」で学ぶ。第16回 小学館おひさま大賞優秀賞を受賞。絵本に『クヌギくんのぼうし』(風濤社)、『おしゃれなからすガラフィーさん』(おはなしプーカ、学研)、挿絵に『コヨーテ 太陽をぬすむ——アメリカインディアンのおはなし』(高野由里子 編訳、風濤社)、『3つのとんち——長ぐつをはいたねこ 一休さん うさぎどんきつねどん』(共著、学研)がある。お散歩と、猫が好き。

コヨーテ 七人《しちにん》の巨人《きょじん》とたたかう
アメリカインディアンのおはなし

2018年4月2日初版第1刷発行

編訳 高野由里子
絵 古沢たつお
発行者 高橋 栄
発行所 風濤社
〒113-0033 東京都文京区本郷 3-17-13 本郷タナベビル 4F
Tel. 03-3813-3421 Fax. 03-3813-3422
印刷・製本 中央精版印刷

ISBN978-4-89219-446-7

コヨーテ 太陽をぬすむ

アメリカインディアンのおはなし

高野由里子 編訳　古沢たつお 絵

ずるがしこくて、おひとよし。ゆうきがあって、インディアンに神ともされるコヨーテ。あるときはおそろしい怪物、また巨大スカンクをたおし、夏や太陽をぬすむ７つのおはなし。〈コヨーテ〉シリーズ第一巻。

A5 判上製　96 頁　児童よみもの
本体 1,400 円　978-4-89219-418-4

魔術師《まじゅつし》ミショーシャ

北米インディアンの話

H. R. スクールクラフト 採話
W. T. ラーネッド 著
高野由里子 訳　長沢竜太 絵

ケモーン、ポール！　つぎつぎにわなをしかける魔術師ミショーシャを、少年シーグァンが勇気とほこりでうちたおす！　インディアンに伝わる、不思議な冒険３作。

A5 判上製　128 頁　児童よみもの
本体 1,500 円　978-4-89219-385-9

風濤社